令和の税制改正対応

相続 贈与で トクする 100の節税アイデア

改訂第3版

税理士・公認会計士
高橋敏則

ダイヤモンド社

はじめに

相続税は節税の知識の有無で、数百万円、数千万円単位で違ってくる

国税庁の発表によると、２０１７年分の相続税の平均課税価格は被相続人１人当たり１億３９５２万円、相続税額は同じく１８０７万円となっています。このうち、**申告漏れの財産の見つかった人の相続人の割合はじつに83・7%。追徴税額は1件あたり623万円**にも及んでいます。

相続財産隠しがあると、それに対する本来の相続税以外に、本税の35％の税率で重加算税がかかります。そのほかに利子相当分として延滞税（２３１ページ）もかかってきます。

相続する財産が大きいほど、相続税額を少しでも減らしたいと思うのが人の心理ですが、金額が大きい相続ほど実地調査の対象となります。そうでなくてもいろいろなルートがあって、普段から税務署は、みなさんの財産状況を想像以上に正確に把握しています。財産隠し等はほぼ徒労に終わると考えていいでしょう。

そんなリスクを冒さなくても、合法的な節税対策で相当な効果を上げることができます。**資産2億円程度であれば、相続税をかからなくすることも十分に可能**です。もちろん、人によってケース・バイ・ケースですが、相続人の多くが余計な相続税を払っていることは間違いありません。

たとえば、次のようなケースです。

〔条件〕相続財産：3億円（うち宅地の相続税評価額7500万円）
相続人：配偶者1人、子3人（そのほか孫3人）

●相続税対策を実施しなかった場合

※相続人4人で遺産を均等に分割する

↓課税価格：3億円、**相続税額：3810万円**

●相続税対策を実施した場合（孫1人を養子にする）

・贈与税の基礎控除110万円×9人×3年間

※被相続人の配偶者1人＋子3人＋子の配偶者2人＋孫3人＝9人

↓課税価格：**2970万円減**

・生命保険の非課税枠500万円×（配偶者＋子3人＋養子1人）※保険料と保険金が同額とする

↓課税価格：**2500万円減**

・小規模宅地等の特例により、自宅の評価額8割減（被相続人の配偶者が取得）

↓課税価格：**6000万円減**

・住宅取得資金等の贈与の非課税枠2500万円×子1人　※一般住宅の場合

↓課税価格：**2500万円減**

・教育資金贈与の非課税枠1500万円×孫3人

↓課税価格：**4500万円減**

・結婚・子育て資金贈与の非課税枠1000万円×子1人

↓課税価格：**1000万円減**

・1億円の自己資金または借入によりアパートを購入

※土地と家屋それぞれ5000万円で評価額は時価の7割、借家権割合30%、借地権割合70%

↓課税価格：**4785万円減**

← **課税価格：合計2億4255万円減**

← **節税後の課税価格：3億円－2億4255万円＝5745万円**

節税後の課税価格5745万円は、**基礎控除6000万円（3000万円＋600万円×配偶者と子と養子で5人）よりも少ないため相続税はかかりません。このケースでは相続税ゼロ円**、つまり払わずに済みます。このほかにも相続税、贈与税の節税方法にはいろいろあります。そのため、**相当な財産を相続しても、合法的に非課税にする**ことも夢ではないのです。

相続する財産が少なくても争族問題が発生

相続問題は資産家だけでなく、自宅以外に財産がない一般の家庭にも大きく関係します。むしろ**分配できる財産が少ない家庭ほど、兄弟姉妹間の争いに発展**しがちです。子が1人でも、遺された親子間で争いになるケースも、残念ながら起こっています。そして、こうした「争族問題」が大変なのは一度もめてしまうと、なかなか元の親子関係や兄弟姉妹関係に戻れないことです。

ですから、相続対策は将来納めることになる相続税をできるだけ少なくする「節税対策」だけでなく、相続税を納める際の資金を準備しておく「納税資金対策」と、相続時に起こるかもしれない遺産争いを防ぐための「争族対策」も併せて実施する必要があります。これが相続対策の3本柱で、相互に密接に関連しています。これらの対策をバランス良く実施することによって、財産を守ることができると同時に、家を守ることができるのです。

これらの対策は事前（相続の開始前）に行うべきものですが、事後（相続の開始後）であっても、節税対策の余地はあります。すなわち、相続対策には次の4つのポイントがあります。

①相続税の節税対策
②納税資金対策
③争族対策（遺産争い防止対策）
④事後対策

このうち「①相続税の節税対策」は相続対策の中心テーマで、相続税のしくみから考える節税対策（第2章）、贈与等による財産の移転（第3章）、財産評価のしくみから考える節税対策（第4章）の3つに分けて理解することができます。

本書では、相続のしくみや相続税の計算のしかた、財産の評価方法などの基礎的な部分についても必要に応じて解説していますが、これらについては基本的な理解のある前提で、節税対策の説明を行っています。相続・贈与のことをよく知らない方は、初歩的な参考図書も手元に置きながら、本書を読んでいただければと思います。

実際に相続対策や節税対策を実施するには、幅広い分野の専門知識が必要になります。その範囲は相続税法にとどまらず、民法から所得税法、法人税法、そのほかの税法、さらに不動産から株式の知識にも及びます。さらに、それぞれの家庭の事情も考慮しなければなりません。また、紙面の都合等により、本書では十分に説明し得なかったこともあります。したがって、対策の実施にあたっては、本書で基本的な考え方とアイデアの理解を得てから、専門家にご相談することをお勧めします。

本書を相続・贈与税の節税と円満な相続、そして財産を守ること・家を守ることに少しでも役立てていただければ幸いです。

２０１９年10月

著　者

令和の税制改正対応

相続・贈与でトクする100の節税アイデア 改訂第3版

目次

第5章 争族対策と上手な遺産の分け方のアイデア

第6章 有利に納税するためのアイデア

第7章 相続開始後にできる節税アイデア

第8章 相続税調査に備えるアイデア

本書は2019年10月時点の税制と情報をもとに、著者が最適と判断した相続対策についてまとめたものです。税務申告およびその他の相続作業は自己責任で行ってください。本書を利用したことによる損害やトラブル等について著書および出版社は責任を負いません。

第1章

相続税対策の考え方・進め方

アイデア

1

相続税対策の必要性を理解しよう

相続税対策を行うことで、より多くの財産を子孫に残すことができる。もし何もしなければ、家や事業用財産まで失ってしまうこともあり得る。

相続税対策の目的は財産を守ること

所得税や法人税は、個人や会社の利益（所得）に対してかかる税金のため、税額が利益を上回ることはありません。そのため、利益から税額分をきちんと手元に残しておけば、資金不足で納税できなくなるようなことは起こりません。

ところが、相続税は現金預金に加え、土地や建物などにもかかります。現金預金の相続はわずかでも、土地や建物などにより、税額が何千万円、何億円単位に及ぶこともあります。そこで困るのは、自分（相続人）の貯金などを持ち出しても、税額に足りない場合です。

相続税は原則、相続の開始を知った日の翌日から10カ月以内に現金一括払いで納税しなければなりません。納税資金が不足するようなら、自宅を手放したり、自分の会社の財産を売却したりするなどして工面する必要が出てきます。しかも、土地や建物を売れば、そこにも税金がかかります。

このように相続によって、生活や事業の基盤を失い、それまでの平穏無事な暮らしが一変してしまうケースは珍しいことではありません。

ただし相続税には、節税の余地がかなりあります。正しい知識と準備によって、納税額を大幅に減らすことができるということです。たとえば、資産2億円程度の資産家であれば、相続税をかからなくすることも十分可能です。

受け継いだ大切な財産を、しっかりと子どもたちや子孫に残していくためには、相続税対策は不可欠なのです。

なぜ相続税対策が必要なのか？

●大切な財産を守るために打てる手は打とう

相続税対策をしていないと？

- 大きな税金がかかってしまう
- 納税資金が準備できない

↓

- 家や事業所を売らなければならない

↓

- 売却時にまた税金がかかってしまう
- 事業を続けていくことができない
- 住む家がなくなってしまう

Point

相続税対策をやっておけば、自分の財産を守って子孫に残すことができる

アイデア

2

相続税対策は親から働きかけよう

子からは相続税対策を言い出しにくいもの。財産の所有者である親から言い出さないと、話は進まない。

親の決断がなければ何も始まらない

バブルの時代から相続税対策は重要だと言われながらも、実際に対策を行っている人はそれほど多くないようです。相続税対策の必要性は認識していても、多くの人が対策に踏み切れないでいるというのが現状のようです。

将来やってくる相続に不安を抱いているのは子の側です。相続で苦しむのは自分たちで、相続の悲劇、すなわち相続税の負担の重さや相続争いの悲惨さはよく知られるところだからです。

ところが、親本人は何か相続税対策をしておいたほうがいいかなと思いつつも、何もしないでいることが多いようです。相続というのは、自分が死んだ後のことですから、特に元気なうちはなかなか本気になりにくいのでしょう。

一方、子のほうでは相続税対策をやっておきたいと考えながら、それを口に出せないでいるというのがほとんどのケースだと思います。相続は親の死を前提としていますので、子からは言い出しにくいのです。

こうして結局、親子とも相続税対策が必要だと思いながら、何の対策もしないで時間だけが過ぎていくことになります。

したがって、相続税対策は親が切り出すべきです。親から働きかければ、大きく前進します。相続税対策は財産をどうするかの問題ですので、財産の所有者である親の決断が不可欠です。

また、子のほうも、親が相続税対策に踏み切れるように、友人・知人の相続の苦労話を聞かせる機会をつくったり、相続税に関する雑誌や本に目を通す機会をつくる努力も必要でしょう。

親と子、どちらが始めるべきか？

●子からは言い出しにくいので親主導で進める

親
- 相続なんてまだまだずっと先のこと
- 自分の死んだ後のことなんて考えたくない

子
- 相続で苦しむのは自分たちだから不安…
- 親の死んだ後の話は口に出しにくい

↓

これでは何の対策もできずに時間だけが過ぎていってしまう

相続税対策は親のほうから切り出すのが成功のポイント!

Point

相続税を取り巻く環境は毎年変わっているので相続税対策の見直しも毎年行おう

アイデア

3

事前対策が不可欠な理由を知っておこう

相続税対策は「事前対策」と「事後対策」に分けられる。事後でも節税の余地はあるが、事前対策でなければ大きな効果は望めない。

相続が始まってからでは手遅れ

相続は、被相続人が死亡した瞬間から始まります。相続税対策は、相続開始前の「事前対策」と開始後の「事後対策」に分けられ、ふつう相続税対策といえば、事前対策のことをいいます。

それぞれの対策については次章以降で詳しく解説しますが、大まかには左図のようになっています。ここで注意すべきは、多くの相続税対策は相続が開始してからでは遅いということです。

生前贈与は相続税の節税対策の主要な手法の一つですが、これはあくまでも生前に財産を贈与するから節税になるのです。遺贈（遺言書によって死後に財産を与えること）によっても財産の贈与はできますが、節税対策にはなりません。

財産の評価額を引き下げることによる節税対策も、相続開始後では意味がありません。相続財産の評価は、相続開始の日、つまり死亡日時点の財産の現状で行うからです。

また、養子縁組をして相続人を増やすといった対策も、当たり前のことですが、本人が死亡してしまったら行えません。

多くの相続税対策は相続が開始してからでは遅いのです。事後すなわち相続開始後であっても、

第7章で説明するように、相続税を少なくする対策はあります。しかし、事前対策を行っていなければ、大きな効果は期待できません。事前に相続税対策を時間をかけて行い、それに事後対策も合わせて実施することで、万全なものとなります。

相続税に限らず、所得税や法人税などすべての節税対策は、時期が過ぎてしまうと打てる手がなくなってしまいます。

事前対策と事後対策の内容は？

●節税効果が高いのは事前対策

事前対策

- **1 相続税のしくみを利用する**
  養子縁組をしたり、相続税の非課税財産を利用したりする → 第2章参照
- **2 財産を移転する**
  生前贈与や売却によって財産を減らしてしまう → 第3章参照
- **3 財産の評価額を引き下げる**
  財産評価のしくみを利用して評価額を引き下げる → 第4章参照

事後対策

- **1 相続税の節税対策**
  財産の分割方法や評価の方法を工夫して節税する
- **2 納税方法の対策**
  延納、物納、農地の納税猶予といった納税方法の対策
- **3 譲渡所得税の対策**
  相続した不動産を売却するときの税金を少なくする対策

→ おもに第7章参照

Point

事前対策をやらなければ、大きな効果は期待できない

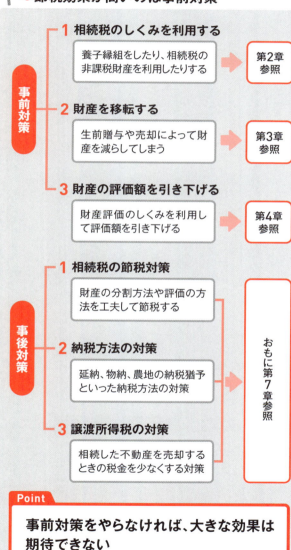

アイデア

4

相続税対策は少しでも早く始めよう

小さな対策でも、長い期間をかければ大きな効果がある。大切なのは早くスタートを切ること。亡くなる直前にあわてて行った対策は認められないことも。

死亡まぎわの対策は失敗しやすい

被相続人が亡くなる直前に、あわてて行った相続税対策はたいていうまくいきません。以下のように、税務上のリスクがいろいろあるからです。

まず、相続人が相続開始前3年以内に被相続人から贈与を受けた財産については、相続財産に含めて相続税を計算することになっています。つまり、せっかく生前贈与しても、その後3年以内に被相続人が死亡した場合は、節税効果はまったく得られないということです。

また、本人が病気になってから、あるいは亡くなる直前になってから養子縁組をしたり、借金をして不動産を購入したりすると、税務署とトラブルになります。これらの行為は極めて不自然なため、本人がやったのではなく、相続人が勝手にやったものと疑われるからです。

これらに対して、早めに行った相続税対策は小さなものでも確実に節税につながります。

たとえば、年間110万円以内の贈与には贈与税がかかりません。これを利用して、何年もかけて贈与して相続財産を減らしていけば、相続税を大きく減らすことができます。

また、借地権を法人に移転するといった対策

（128ページ参照）もありますが、長い期間をかけなければ効果を得られません。

相続税対策で成功するためには、早く始める必要があるのです。

なぜ早く始める必要があるのか？

●亡くなる直前の対策は否認されやすい

1 相続開始前3年以内の贈与は無意味

相続人が相続開始前の3年以内に被相続人から財産の贈与を受けている場合、その財産は相続財産の中に含められてしまう

2 税務署とのトラブルが起きやすい

被相続人が亡くなる直前に、養子縁組や不動産の購入といった節税対策を行うと、税務署とのトラブルになりやすい

3 長い時間をかけないと効果が小さい

年間110万円の贈与の非課税枠を利用した対策など、長い時間をかけないと効果がない対策が多い

Point

相続税対策を成功させるには、できるだけ早く始めなければならない

アイデア

5

一つではなく、多くの対策を組み合わせよう

効果の大きい対策だけに頼ると大きなリスクを伴う。小さな対策を組み合わせることで大きな効果が生まれる。

コストをかけずにリスクを分散しよう

効果の大きな対策一つだけで、相続税対策を済まそうとすると、失敗することが多くなります。たとえば、身の丈を超えた借金をして、不動産を購入したり、アパートやマンションを建てたりする人です。相続税は減らせても、入居者が決まらず、計画どおりの家賃収入を得られないため、借入金の返済に困っている人が実際にいます。

また、所有する土地全部に建物を建ててしまったために、物納や売却ができなくなってしまった人もいます。

相続税対策に生命保険に加入したのはいいのですが、毎月の保険料の支払いが多過ぎて日常生活に支障をきたしている人もいれば、変額保険に加入して大損している人もいます。あまりにも多くの財産を生前贈与してしまったために失敗した人もいます。

これらの対策はすべて有力な相続税対策ですが、どれか一つで相続税対策を済まそうとするには、無理があります。

相続税対策には先行投資が必要だったり、リスクを伴ったりすることも少なくないため、まず自分の現状を正確に把握して、それに応じてたくさんの対策を組み合わせて実施することが大切です。多くの対策を組み合わせることで、リスクを分散させながら、大きな効果を得ることができるのです。

相続税対策のリスクとは?

● 片寄った対策は避けよう

効果の大きな対策一つで済まそうとすると…

借金をして不動産購入・アパート等を建設	所有する土地全部に建物を建設	高額な生命保険・変額保険に加入	多くの財産を生前贈与

↓

- 借入金の返済ができない
- 保険料の負担が大き過ぎる
- 生前贈与し過ぎて今の暮らしに支障が出る
- 物納や売却ができない
- 贈与財産が浪費される

一つの対策で済まそうとすると、大きなリスクを抱えることになる

Point

一つの効果は小さくても、多くの対策を組み合わせれば、リスクを分散させて、大きな効果を生むことができる

アイデア

6

バランスの取れた対策を実施しよう

相続では、相続税の節税対策、納税資金対策、争族対策の3つの柱がある。この3つをバランス良く実施しなければならない。

節税だけが相続対策ではない

相続に向けた準備というと、誰もが相続税の税金対策のことを思い浮かべるかと思います。

たしかに資産家にとっては最も重要なことであることは間違いありませんし、2015年から基礎控除の縮小など相続税の課税が強化され、ちょっとした財産のあるふつうの家庭の相続でも、相続税がかかるようになりました。誰もが相続税への備えが必要な時代になっています。

一方で、財産はあっても現金を保有している人は多くありません。また地方では、不動産を処分しようとしても、なかなか思うような価格で売却できなくなっています。そのため、節税はもちろんのこと、相続税の納税資金対策が以前より重要さを増しています。

また、相続争いも大きな問題です。相続税対策を行って相続税の節税をし、納税資金の準備までして財産を残したのに、相続財産をめぐって、親子や子どもたちの間で骨肉の争いを始めるといったことも少なくありません。

亡くなった親としてみれば、これなら財産など残さずに、生きている間に全部使い切ってしまったほうがよかったと思えるような事例もしばしば見られます。いわゆる争族対策の重要性も増しているのです。

このように相続では、節税対策（相続税対策）だけでなく、納税資金対策、争族対策（遺産争いの防止対策）を合わせた3本柱で考え、備える必要があります。

相続対策の3本柱とは?

●相続税の節税対策以外にも必要な対策がある

1 相続税の節税対策

実際に相続があったときに納める税金をできるだけ少なくしようとするもの。「相続税のしくみを利用した対策」「生前贈与などの財産移転による対策」「財産評価額の引き下げによる対策」がある（☞第2～4章）

2 納税資金対策

相続税の納税資金を確保しておくための対策。延納、物納、生命保険の利用、土地活用などによって納税資金で困らないようにしておく対策。いくら相続税対策を実施しても、相続税をゼロにできるとは限らないので忘れてはならない（☞第6章）

3 争族対策

遺産争いを防ぐための対策。遺言の活用や分割用財産を確保することで、相続争いをなくそうというもの。相続税がかからない人でも、家一軒程度の財産があれば考えておくべき（☞第5章）

Point

相続税対策を行うだけでは不十分。相続対策は3つの柱で考えよう

アイデア 7

相続対策の基本的な進め方を理解しよう

相続対策のスタートは財産とその評価額を把握すること。評価額は毎年変動するので、相続税の額も毎年再計算が必要になる。法律の改正にも注意！

まず財産の評価額を把握しよう

相続対策の進め方を見ていきましょう。

①財産の把握と評価

まず、財産がどれだけあるのかを調査し、その評価額を計算します。財産はできるだけ正確に、相続税評価額で評価する必要があります。

②相続税の計算

現在の相続税評価額で財産を相続するとして、相続税がいくらかかるのかを計算します。

③相続税対策の立案と実施

「相続税のしくみを利用した対策」「財産の移転による対策」「財産の評価額引き下げによる対策」のそれぞれについて、財産の種類別、期間別に立案して、どれだけ節税効果が出るか確認。対策の実施に移ります。

④対策実施後の相続税の計算

相続税対策が実施された後、相続税がどれくらいになったかを計算します。注意したいのは、相続税額は毎年計算し直す必要があることです。「路線価・株価の変動」「法律の改正」「資産の増減・構成の変化」「家族の増減」などによって変わってくるためです。

これらの変化に伴い、相続対策の見直しも必要になります。これまでの対策が役に立たなくなったり、別の対策が可能になることもあるからです。

⑤納税資金対策と遺産争い防止対策

これらは必要に応じて、相続税対策と並行して行います。場合によってはこちらの対策のほうが大切になることもあります。

相続対策の進め方

● 現状を把握し、毎年見直しを行う

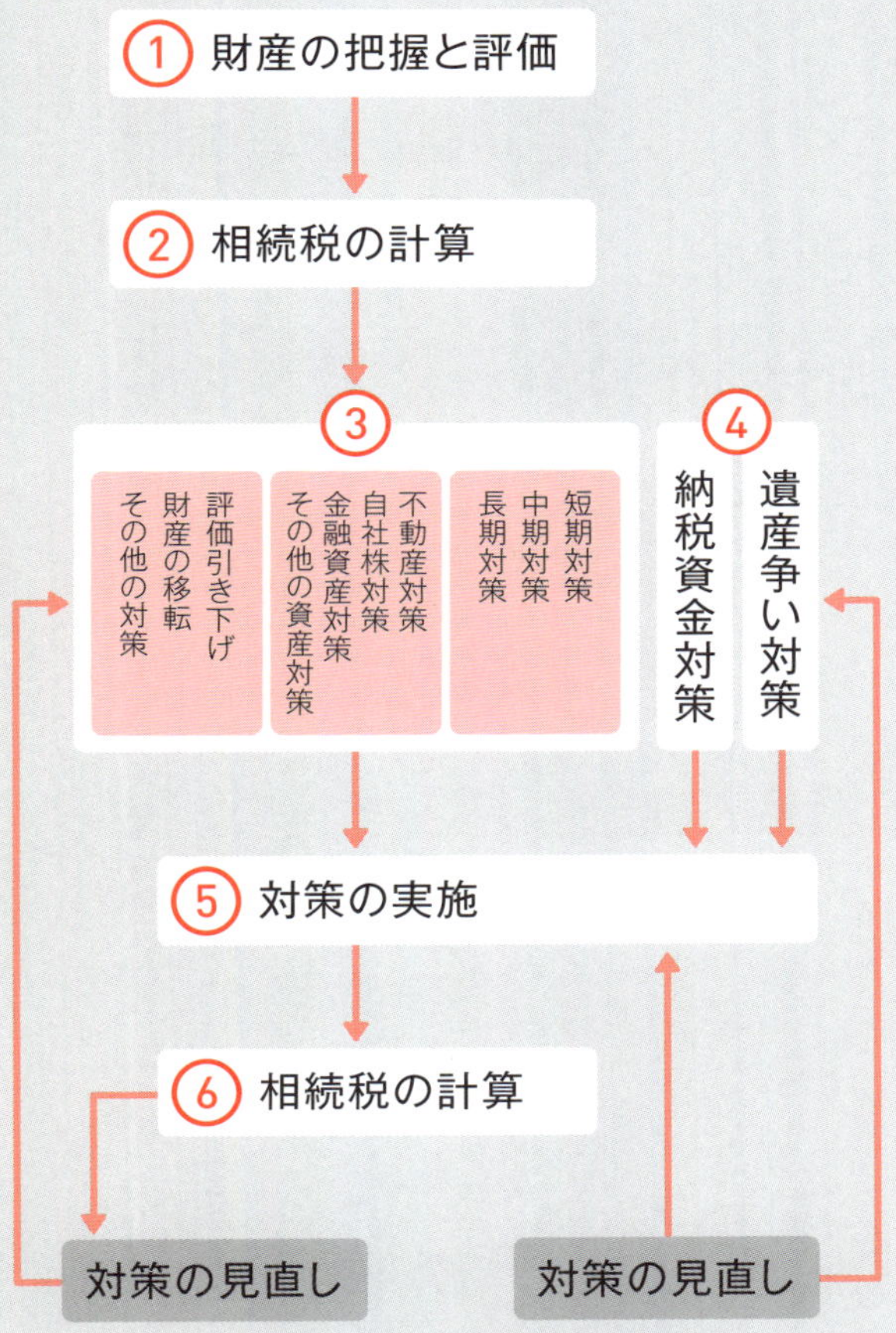

Point

評価額の変動や法改正など、相続税を取り巻く環境は毎年変わっているので、相続税対策の見直しも毎年行おう

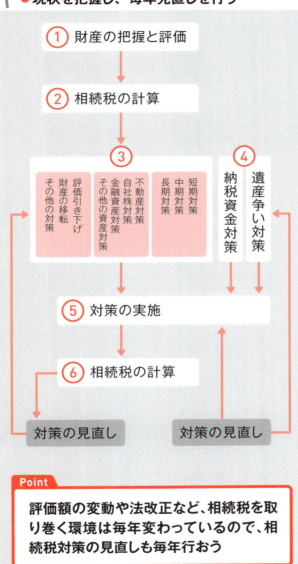

アイデア

8

マイナンバー制度を考慮しよう

マイナンバーにより、個人の金融資産が税務署に容易に把握される時代に。税務調査が効率的に行われるようになり、調査件数の増加が予想されるので注意を。

より計画的な相続税対策が必要になる

マイナンバー（個人番号）とは、国民一人一人に与えられた12桁の番号のことです。マイナンバー制度の導入により、税の分野では、税務調査などの業務の円滑化、不正や脱税の防止への活用が期待されています。もちろん、相続税についてもそのまま当てはまります。

すでに、2016年の施行以降、税務署に提出する申告書等の書類にはマイナンバーの記載が義務づけられています。預金口座への付番は2018年から始まり、当面の間は任意ですが、2021年には義務化されると言われています。

相続税の税務調査が行われる場合、現在はまず調査官は被相続人の申告書に記載されている銀行の支店に足をはこび、その口座の取引明細を金融機関に照会します。その後の調査過程で、ほかの預金口座の存在の可能性があれば、その都度照会していきます。この作業は金融機関の協力が不可欠なため、非常に手間がかかります。

ところが、預金口座にマイナンバーが付番されると、税務調査上での情報収集が簡単に行われるようになり、漏れの発見も容易になります。また情報収集の手間が大幅に簡略化されるため、調査がより細かく行われるようになったり、調査件数が増えていったりすることが予想されます。
これに伴って、今まで運良くバレなかった資産隠し等は、一切できなくなるでしょう。

これからは、税務署はすべての金融資産の内容を把握しているという前提のもとで、これまで以上に早い段階から、計画的に正しい相続税対策を行う必要があります。

相続税関連の申告書・届出書等のマイナンバー記載

●資産隠し等は通用しない時代に!

申告書・届出書	記載開始時期	マイナンバー記載対象者
相続税申告書	2016.1～ 相続開始(死亡)の申告書	相続人
贈与税申告書	2016.1～ 受贈分の申告書	受贈者
所得税申告書	2016.1～ 所得に対する申告書	申告者、控除対象配偶者、扶養義務者、事業専従者
扶養控除等申告書	2016.1～ 給与支払者に提出する扶養控除等申告書	給与支払者、給与受給者、控除対象配偶者、扶養義務者
特定口座年間取引報告書	2016.1～ 上場株や投信の特定口座内取引・配当などの報告書	口座名義人
保険会社支払調書(満期・年金・死亡など)	2016.1～ 支払分に対する支払調書	保険金受取人、保険契約者
配当金・分配金支払調書	2016.1～ 株式配当、投資信託分配金支払調書	支払を受ける者、支払者
給与・年金等の源泉徴収票	2016.1～ 支払分に対する源泉徴収票	支払者、受給者、控除対象配偶者、扶養義務者
金融機関への番号届出	預金口座のある金融機関に対して、2018.1～任意、2021～義務化予定	口座名義人

アイデア

9

専門家にアドバイスを受けよう

相続対策には専門知識が必要なうえ、本やセミナーでは個別の事情に対応できない。自分の事情を理解してくれる専門家に相談しよう。

希望を聞いてくれる専門家を探そう

相続対策を実施するには、どうしても専門知識が必要になってきます。その範囲は相続税法に限らず、民法から所得税法、法人税法、固定資産税などの税法にも及びます。さらに生命保険、不動産、株式などの知識も必要になってきます。

さらにやっかいなことに、税法には本法だけでなく、数多くの規則や通達があり、これらは毎年のように改正されています。

相続税法を例にとると、相続税の本法のほか、相続税法施行令、相続税法施行規則、相続税法基本通達、財産評価基本通達、相続税個別通達、租税特別措置法（この中に施行令、施行規則、取扱通達がある）といったものがあります。

また、最近注目を集めている家族信託（第5章）は、信託法という法律にもとづいて行われるもので、その内容はかなり複雑です。

本書をはじめ、多くの相続税対策本が出回っていますが、紙面等の都合により、隅々まで説明し尽くすことは不可能です。また書物やセミナーでの説明は、あくまで一般的なものであったり、業者都合のセールス的な要素を含んでいたりするケースもあります。

相続税対策に必要な知識は多い

● 専門家のアドバイスを受けるのが得策！

- **法令**
  - 民法（相続法）
  - 相続税法 —さらに—
    - 相続税の本法
    - 相続税法施行令
    - 相続税法施行規則
    - 相続税法基本通達
    - 財産評価基本通達
    - 相続税個別通達
    - 租税特別措置法（施行令、施行規則、取扱通達を含む）
  - 所得税法
  - 法人税法
  - 信託法
- **実務**
  - 不動産
  - 生命保険
  - 株式

Point

相続税対策には幅広い知識が必要。本書で基本的な理解を得て専門家に相談しよう

しかし、各相続人の事情や考え方により、ベストな相続対策は人それぞれです。ですから、ぜひ本書で基本的な内容を理解したうえで、相続税対策の実施に際しては、専門家にご相談することをお勧めします。

ぜひ相続税対策に詳しく、自分の事情や希望に耳を傾け、親身になって対策を考えてくれる専門家を探してください。

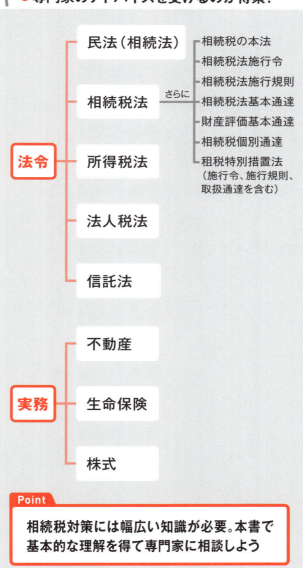

この章で紹介した9のアイデア

1 □ 相続税対策の必要性を理解しよう

2 □ 相続税対策は親から働きかけよう

3 □ 事前対策が不可欠な理由を知っておこう

4 □ 相続税対策は少しでも早く始めよう

5 □ 一つではなく、多くの対策を組み合わせよう

6 □ バランスの取れた対策を実施しよう

7 □ 相続対策の基本的な進め方を理解しよう

8 □ マイナンバー制度を考慮しよう

9 □ 専門家にアドバイスを受けよう

第2章

相続税の しくみから考える 節税アイデア

アイデア
10

相続税の計算法を押さえておこう

相続税は3つのステップで計算される。
基本的な計算のしくみはそれほど難しくないのでここで理解しよう。

相続税の計算法に節税のヒントがある

相続税の計算は、「課税価格の計算」「相続税の総額の計算」「各人の納付税額の計算」の3つのステップで行われます。

ステップ1 課税価格を計算する

課税価格の計算とは、相続税の対象となる財産の金額を計算するものです。

相続税の課税価格は、37ページに挙げた「相続により取得した財産」に、「相続により取得したとみなされる財産」を加え、「債務および葬式費用」を差し引き、さらに「相続開始前3年以内の贈与財産」を加えて計算します。

このように相続によって財産を取得した人が、相続開始前3年以内に被相続人から財産を贈与されている場合、その贈与財産は相続税の対象として課税価格に加えることになっています。相続税対策で生前贈与をする場合は注意が必要です。

ステップ2 相続税の総額を計算する

相続税の総額の計算は、以下の手順で行います。

①ステップ1で計算した課税価格から「遺産に係る基礎控除額」を差し引いて「課税遺産総額」を求めます。②その課税遺産総額を基に各法定相続人の「法定相続財産」を計算します。③それぞ

相続税の基本的な計算方法

●全体の相続税額を計算後に各相続人で按分

ステップ1 課税価格の計算

（相続により取得した財産）＋（相続により取得したとみなされる財産※）－（債務および葬式費用）＋（相続開始前3年以内の贈与財産）＝課税価格

※生命保険金と死亡退職金については、それぞれ500万円×法定相続人数を非課税財産として差し引くことができる

ステップ2 相続税の総額の計算

①基礎控除額の計算

3000万円＋（600万円×法定相続人数）＝基礎控除額

②課税遺産総額の計算

課税価格－基礎控除額＝課税遺産総額

③法定相続財産の計算

課税遺産総額×
- 法定相続人Aの法定相続分＝Aの法定相続財産
- 法定相続人Bの法定相続分＝Bの法定相続財産
- 法定相続人Cの法定相続分＝Cの法定相続財産

④相続税の総額の計算

Aの法定相続財産×税率＝税額Ⓐ
Bの法定相続財産×税率＝税額Ⓑ
Cの法定相続財産×税率＝税額Ⓒ
Ⓐ＋Ⓑ＋Ⓒ＝相続税の総額

ステップ3 各人の納付税額の計算

①各人の相続税額の計算

$$\text{相続税の総額} \times \frac{\text{各人が実際に相続により取得した財産}}{\text{相続税の課税価格}} = \text{各人の相続税額}$$

②各人の納付税額

（各人の相続税額）＋（相続税の加算）－（各種の税額控除）＝各人の納付税額

れの法定相続財産に相続税の税率をかけて、合計します。

「①」の遺産に係る基礎控除額は「3000万円+600万円×法定相続人数」で算出します。たとえば、相続人が配偶者と子ども2人の場合には、基礎控除額は「3000万円+600万円×3人=4800万円」です。つまり、このケースでは、課税価格が4800万円以下であれば、相続税はかからないことになります。

「②」の法定相続財産は、課税遺産総額に各法定相続人の法定相続分(被相続人が遺言で財産の配分を指定しなかったときに適用される、民法が定める遺産の割合)を掛けて計算します。相続税は、法定相続人(民法上の相続人)が法定相続分に応じて財産を相続したものとみなして計算します。相続放棄や遺言などにより、各相続人が現実にどれだけの財産を相続したかは関係ありません。

ステップ3 各相続人の納付税額を計算する

各相続人の納付税額の計算は、①各人の相続税額の計算、②相続税額の加算、③各種の税額控除という順で行います。

「①」の各人の相続税額は、「相続税の総額」に「各人が実際に相続によって取得した財産が相続税の課税価格に占める割合」を掛けて計算します。

「②」の相続税額の加算は、相続人が被相続人の1親等の血族および配偶者以外の者である場合に、先に計算した各人の相続税額に20%を加算するものです。もし「20%分を加算した金額」が、その相続人の「実際に相続により取得した財産の価格の70%相当額」を超える場合には、20%を加算するのではなく、財産の価格の70%相当額が相続税額の加算後の税額になります。

「③」の各種の税額控除には、左ページのように6つあり、相続税額の加算後の税額から差し引きます。こうして各相続人の納付する相続税額を求めます。

相続税がかかる財産と受けられる税額控除

● 相続税がかかるものは決まっている

相続により取得した財産

現金、預金、有価証券、一般動産、書画骨とう品、貴金属、貸付金、営業債権、土地、土地の上に存する権利、山林、家屋、ゴルフ会員権、電話加入権、特許権、著作権など

相続により取得したとみなされる財産

①生命保険金

②死亡退職金

③生命保険契約に関する権利
（払込み済みの保険料のこと）

④定期金に関する権利
（払込み済みの郵便年金契約などの掛け金のこと）

各種の税額控除

①贈与税額控除

②配偶者の税額控除

③未成年者控除

④障害者控除

⑤相次相続控除

⑥外国税額控除

※それぞれの内容について詳しく知りたい人は、相続税のしくみについて、より詳しく解説している本などを参照してください

アイデア

11

墓地や仏壇を取得しておこう

墓所、霊びょう、祭具等は相続税の非課税財産なので、これらを購入しておくとよい。ただし、投資の対象とされる祭具等は課税されるので注意しよう。

生前に非課税財産を取得しておく

相続によって取得した財産は、原則として相続税の課税の対象になります。ただし、これには例外があって、墓所、霊びょう、祭具等は、課税の対象にはなりません。

これらの祭祀財産は、換価されるべきものではなく、また祖先崇拝の慣行や国民感情なども考慮して、一般の相続財産とは別個に承継されるべきものとして、非課税財産になっているのです。

したがって、先祖代々のお墓のない人、仏壇等のない人などは、生前にこれらを買っておくと相続税の節税になるというわけです。

なお、これらの財産の購入にあたっては、次の点に注意してください。

①生前に買っておく

仏壇等が必要な場合、被相続人が亡くなった後に買っても、非課税財産にはなりません。あくまでも生前に買っておく必要があります。

②代金は支払っておく

借金で墓地を購入した場合の借入金や、仏壇の購入代金が未払いになっている場合の未払金などは、債務控除の対象になりません。したがって、代金を手持ちの現金で支払ってしまわなければ、節税対策にはなりません。

③骨とう品等は課税される

商品、骨とう品、投資の対象として持っている祭具等は課税の対象になります。純金の仏像等が非課税財産になるかは問題となるところです。相続税法では、これらの材質や金額については特に定めがありません。純金の仏像等が日常礼拝のために購入されたのか、投資や相続税逃れのために購入されたのか、その実態に応じて、社会一般的な常識で判断されることになるでしょう。

非課税となる祭祀財産の範囲

●生前に購入したものであることが条件

墓所・霊びょう	●墓地 ●墓石 ●御霊屋(おたまや) ●これらのものの尊厳の維持に要する土地、その他の物件
祭具等	●庭内神し ●神だな ●神体 ●神具 ●仏壇 ●位牌 ●仏像 ●仏具 ●古墳 ●その他、日常礼拝の用に供しているもの

Point

ただし、商品、骨とう品、投資の対象として持っている祭具等は課税の対象になる

アイデア
12

生命保険金の非課税枠を利用しよう

生命保険金は相続人1人あたり500万円まで非課税になる。
この非課税枠を上手に使って節税しよう。

1人あたり500万円が非課税

生命保険金は、民法上の相続財産ではありませんが、相続税法上は相続によって取得したものとみなされ、相続税の課税の対象になります。

ただし、生命保険金には、相続人1人あたり500万円まで非課税になる規定があります。つまり、受け取った生命保険金のうち、500万円に法定相続人数を掛けた金額については、相続税はかかりません。

したがって、この生命保険金の非課税枠までは、必ず保険に加入するようにしましょう。たとえば、妻と子ども3人がいる場合には、生命保険のうち500万円×4人＝2000万円までは相続税がかからないことになります。この場合には、納税額なども考慮して、必ず2000万円以上の保険をかけるようにすべきでしょう。

ところで、被相続人の死亡により個人が受け取った保険金には、生命保険の契約内容によって、「相続税」「所得税」または「贈与税」のいずれかがかかることになっています。保険の契約にあたっては、被保険者（保険に加入する人）、保険料負担者および保険金受取人を誰にするかを慎重に決定しなければなりません。

生命保険金が相続財産となって、相続人1人あたり500万円の非課税の扱いを受けるのは、保険料負担者が被相続人で、受取人が相続人の場合だけです。注意しましょう（187ページ）。

生命保険の非課税枠

●500万円×法定相続人の数まで非課税

課税の対象となる生命保険金等の額 ＝ 受け取った保険金の額 － 500万円 × 法定相続人数

たとえば、法定相続人が妻と子ども3人の合計4人の場合には、

500万円 × 4人 ＝ 2000万円

生命保険のうち、2000万円までは相続税がかからない

↓

この場合は、少なくとも2000万円以上の生命保険をかけるようにするべき

Point

相続人1人あたり500万円まで非課税というのは、生命保険に認められた税法上の大きな特典。ぜひ活用しよう

アイデア

13

死亡退職金と弔慰金の非課税枠を利用しよう

死亡退職金については相続人1人あたり500万円、弔慰金については役員報酬月額の3年分または6カ月が非課税になる。

相続税と法人税の節税ができる

死亡退職して退職金が支払われた場合、その退職金の支払いを受けた相続人は、その退職金の額を相続によって取得したものとみなされ、相続税がかかることになっています。

ただし、退職金には非課税枠があって、500万円に法定相続人数を掛けた金額については、相続税がかかりません。

また、弔慰金が支払われた場合には、①業務上の死亡では役員報酬月額の3年分、②業務上以外の死亡では役員報酬月額の6カ月分まで非課税となります。この額を超えて支給された弔慰金は、退職金として支給されたものとして取り扱われることになります。

一方、退職金・弔慰金を支払った会社の相続税法上の株式の評価にあたっては、退職金・弔慰金の額は負債として資産価額から差し引くことができます。したがって、純資産価額方式で評価される会社では、支払う退職金・弔慰金の分だけ株式の評価額が下がります。

また、支払った退職金・弔慰金は原則として会社の経費になります。被相続人が同族会社の役員等である場合には、退職金と弔慰金は必ず支払うようにしましょう。最低でも非課税枠の限度額までは支払うべきです。それ以上の支払いをする場合には、会社の収益の状況、その支払いによって株式の評価額がどの程度下がるかなどを十分に検討したうえで行ってください。

死亡退職金と弔慰金の非課税枠

● 最低でも非課税限度まで支払おう

非課税枠

死亡退職金		500万円 × 法定相続人数
弔慰金	業務上の死亡	役員報酬月額 × 36カ月
	業務上以外の死亡	役員報酬月額 × 6カ月

退職金・弔慰金の支給上の注意点

①退職金と弔慰金の支給規定を作成しておくこと

②過大な退職金は支払わないこと。不相当に高額な退職金のうち、相当な部分を超える金額は会社の経費として認められない

③死亡後3年以内に退職金の支払いを確定すること。3年経過後に支払いが確定した退職金は、遺族の一時所得として所得税がかかる。また、会社の株式の評価にあたって、その退職金を負債として資産価額から差し引くことはできない

Point

被相続人が同族会社の役員等の場合、死亡退職金と弔慰金は必ず支払おう

アイデア

14

養子を迎えて相続人を増やそう

養子をとると節税できる。ただし、相続税法上の養子の数には、制限があるので注意が必要。

養子縁組は最も確実で効果の大きい対策

相続税額は法定相続財産に基づいて計算されるため、相続人が増えて１人あたりの法定相続財産が少なくなれば、税率の適用区分が低くなり、税額も減少します。

また、相続税の計算にあたって、相続人１人あたり６００万円の基礎控除がありますので、相続人が多いほど、課税遺産総額が少なくなり、税額も減少します。

さらに生命保険金、死亡退職金にも、相続人１人あたり５００万円の非課税枠があります。

このように相続税法では、法定相続人の数が多いほど、相続税の負担が軽くなるしくみになっています。そのため、養子をとると高い節税効果を発揮しますが、注意点があります。

民法では、養子は養子縁組の日から実子と同じ権利を持ち、法定相続人の数に含められることになっています。しかし、相続税法では実子がいる場合には、養子のうち１人しか法定相続人の数に含めることができません。また、実子がいない場合には、法定相続人の数に含めることができる養子の数は２人までとなっています。

その他、養子の数を法定相続人の数に含めることが、相続税の負担を不当に減少させることになると認められる場合には、法定相続人の数に含めないことになっていますので、養子縁組は慎重に行う必要があります。

養子を迎えれば節税できる

●養子をとることによる4つの節税効果

1 税率の適用区分が低くなる

法定取得財産が少なくなると、適用税率も55%／50%／40%／30%／20%／15%／10%と低くなる

2 基礎控除額が増える

相続税の課税価格から差し引く基礎控除額は、「3000万円+600万円×法定相続人数」とされている

3 生命保険金の非課税枠が増える

生命保険金は500万円×法定相続人数が非課税とされている

4 死亡退職金の非課税枠が増える

死亡退職金は500万円×法定相続人数が非課税とされている

Point

節税目的だけの養子は法定相続人として認められないことがある。養子縁組みした理由を説明できるようにしておこう

アイデア

15

相続放棄は慎重に検討しよう

債務超過ではないのに財産を相続しない場合は、「相続放棄」ではなく、「何も相続しない」ことで対処しよう。

相続放棄にはデメリットがある

相続を「承認」するか、「放棄」するかを、相続人は自由に選択できます。相続を放棄するには、相続の開始があったことを知った時から3カ月以内に、家庭裁判所に相続放棄申述書を提出しなければなりません。

ただし、相続を承認すると、遺産だけでなく、債務も併せて相続することになります。そのため、相続する財産よりも債務のほうが多い場合には、相続を放棄したほうがいいことになります。

一方、「十分な収入や財産があるから」「遺贈によって財産を取得しているから」「生前に贈与を受けているから」「実家の財産を分散させたくないから」などの理由で、相続放棄を考えている人は、相続の放棄ではなく、何も相続しないということを遺産分割協議書（遺産分割協議の合意内容をまとめたもの）に明記しておくようにしましょう。

なぜならば、相続を放棄すると、①相続人が生命保険金および死亡退職金の非課税枠がなくなる、②相続人が特定の財産と債務の遺贈を受けている場合に、その債務が債務控除の対象にならない、③相続人が遺贈を受けたことにより相続税を納め、その後に死亡した場合でも、その子が相次相続控除（相続が発生してから10年以内に次の相続が発生した場合、相続税額が控除される制度）を受けられないなどのデメリットがあるからです。相続を放棄する場合には慎重に検討してください。

相続放棄のデメリット

● **安易な相続放棄に注意！**

相続放棄のデメリット

① 生命保険金と死亡退職金の非課税の取扱いがなくなる

② 特定遺贈を受けた債務について債務控除ができない

③ 放棄した人の相続人は相次相続控除※ができない

※10年以内に2回以上の相続がある場合、前回の相続にかかった相続税の一定割合を今回の相続税額から控除する

ケース 1

相続財産より債務のほうが多い場合（債務超過の場合） → **相続を放棄したほうがよい**

ケース 2

相続財産より債務のほうが少ない場合（債務超過ではない場合） → **「何も相続しない」ことにする**

［遺産分割協議書に相続人として署名と実印を捺印するだけでよい］

Point

相続を放棄するのは、相続財産より債務のほうが多い場合だけにしておこう

アイデア
16

相続財産を基礎控除額以下にしよう

まず基礎控除額を計算してみよう。相続財産が基礎控除額より多い場合には相続税がかかるので、相続財産を減らす対策を実施するとよい。

相続財産と基礎控除額を比較する

相続税の計算にあたっては、相続財産（相続税の課税価格）から基礎控除額を差し引きます。基礎控除額は、3000万円に法定相続人1人あたり600万円をプラスした金額です。

養子についてはすでに説明したように、基礎控除額の計算上、実子がいる場合には1人、実子がいない場合には2人までをその数に入れることになります。

もし相続財産よりも基礎控除額のほうが多ければ、相続税はかかりません。まず相続財産と基礎控除額を比べてみましょう。

その結果、養子縁組をしてもまだ相続税がかかるようでしたら、第3章で説明する「生前贈与」や、第4章で説明する「財産評価額の引き下げ」などの相続税対策を行ってください。

ここでいう法定相続人は、実際に相続または遺贈によって財産を取得しているかどうかに関係なく、民法の規定による法定相続人のことです。したがって、法定相続人の中に相続放棄をしている人がいても、基礎控除額の計算上はその数（法定相続人数）に含めることになります。

なお、法定相続人と相続人の違いを正確にいうと、法定相続人は相続の放棄があった場合にはその放棄がなかったものとして取り扱いますが、相続人には相続を放棄した人および相続権を失った人（相続人の欠格と廃除）は含まれません。

基礎控除額を求めてみよう

● 基礎控除額を引き、対策が必要な額を確認する

基礎控除額 ＝ 3000万円 ＋（600万円 × 法定相続人数）

法定相続人数	相続税の基礎控除額
1人	3600万円
2人	4200万円
3人	4800万円
4人	5400万円
5人	6000万円
6人	6600万円
7人	7200万円
8人	7800万円
9人	8400万円
10人	9000万円

基礎控除額 ＞ 相続税の課税価格 なら

相続税はかからない！

Point

財産がそれほど多くない場合には、財産の評価額の引き下げと生前贈与により、相続税をゼロにすることができる

アイデア
17

配偶者の税額軽減を上手に利用しよう

1億6000万円まで非課税になる配偶者の税額軽減は、相続税法上の最大の特典の一つ。これを上手に使って節税しよう。

配偶者の税額軽減とは？

相続人の中に配偶者がいる場合、その配偶者が「1億6000万円まで」もしくは「遺産のうちの法定相続分」のいずれか多いほうを取得すれば、配偶者の相続税額はゼロになります。これを「配偶者の税額軽減」といいます。

この配偶者の税額軽減をフル活用して節税します。具体的には、以下のように選択します。

①遺産総額が3億2000万円以下の場合

遺産総額とは、各人の課税価格（相続財産から債務と葬式費用を差し引いた額）の合計額のことです。

遺産総額が3億2000万円以下の場合には、配偶者が1億6000万円分を取得するのが最も高い節税効果を発揮します。

②遺産総額が3億2000万円を超える場合

配偶者が法定相続分を取得するようにします。つまり、子がいるときは、配偶者が2分の1を取得するようにします。子がいなくて親がいるときは、3分の2を取得するようにします。子も親もいなくて兄弟姉妹がいるときは、4分の3です。

ところで配偶者の税額軽減は、相続税の申告期限までに遺産の分割が行われた場合に認められる

配偶者の税額軽減額の計算方法

● 1億6000万円まで配偶者が全額取得で無税

配偶者の税額軽減額の計算方法

相続税の総額 × ①または②のうちいずれか少ない金額 ／ 相続税の課税価格の合計額＝（遺産総額）

①相続税の課税価格の合計額のうち配偶者の法定相続分、ただし、1億6000万円に満たない時は1億6000万円

②配偶者が実際に相続により取得した財産の課税価格

ものです。もし遺産争いをしていて、各相続人の取得する財産が確定していない、いわゆる遺産未分割の状態では、この制度は認められないことになっています。

遺産未分割の場合には、各相続人が法定相続分に従って財産を取得したものとして、配偶者の税額軽減は適用しないで、相続税額を計算して納付することになります。

ただし、この場合でも、申告期限において相続税の申告書を提出している配偶者については、申告期限から3年以内に分割が確定したときは、更正の請求を行えます。さかのぼって税額軽減が適用され、納め過ぎた税金は還付してもらえます。

また、申告期限から3年以内に遺産分割できなくても、その相続に関する訴えが提起されている場合など、その分割ができないことについてやむを得ない事情があれば、税務署長の承認を受けることで、配偶者の税額軽減が受けられます。

アイデア

18

父母が連続して亡くなったときの節税法

第1次相続（たとえば、父親からの相続）と第2次相続（たとえば、母親からの相続）の合計相続税額が最少になるように、第2次相続の取得分を計算してみよう。

第1次相続の取得分は30%が目安

父親が死亡し、その遺産が分割されないうちに母親も亡くなってしまうようなこともあります（もちろん、逆もあり得ます）。このような場合、父親から母親が取得するはずだった相続分はどのように決めるのでしょうか。

じつは母親の取得分は相続人で自由に決めることができます。母親の取得分をゼロにすることもできますし、法定相続分の2分の1としてもかまいません。では、どのように決めるのが最も高い節税効果を得られるのでしょう。

結論から言うと、父親の相続（第1次相続）と母親の相続（第2次相続）を合わせて、相続税額が最も少なくなるように母親の取得分を決めればよいのです。具体的には、第1次相続時の母親の法定相続額と、第2次相続時の基礎控除額との間の金額になるようにします。第1次相続時に配偶者の税額軽減をできるだけ受けるようにするとともに、第1次相続と第2次相続の両方で基礎控除額をフルに活かせるようにするわけです。

母親の取得額をその間のどのくらいにすればよいかは、一概に言うことはできません。父親の残した相続財産がどれだけあるか、母親が以前から所有していた財産がどれだけあるかによって違ってくるからです。第1次相続時の母親の取得分と、第1次相続と第2次相続の相続税合計額をシミュレーションして、最も税額が少なくなるように母親の取得分を決めるしかありません。

母親が以前から持っていた財産がないとすれば、一般的には、母親の第1次相続での取得割合を30%程度にすれば、合計の相続税額が最も少なくなります。したがって、母親の取得割合30%を基準にシミュレーションしてみましょう。

後で亡くなった親の取得分の決め方

●第1次相続時の配偶者の取得分がポイント

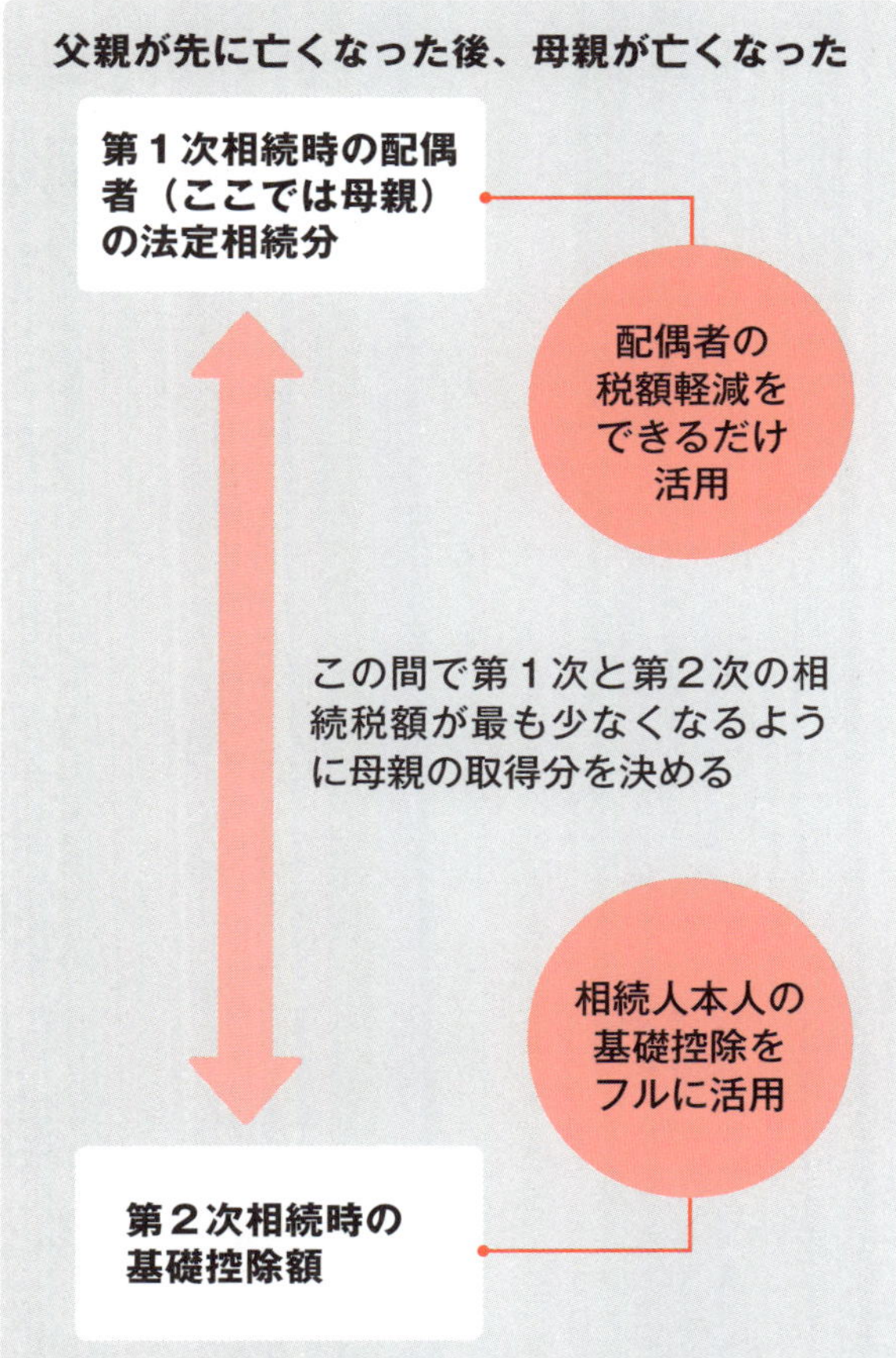

Point

一般的には母親の第1次相続での取得割合を30%程度にすれば、合計相続税額が最も少なくなる

アイデア

19

一般社団法人を相続税対策に活かそう

一般社団法人は簡単に設立でき、相続税対策に利用することができるが、２０１８年度税制改正により、新たに規制が加えられたので注意すること。

同族役員数2分の1超で相続税が課税

一般社団法人等には、株式会社のような持分や出資金という考え方がありません。そのため、法人が所有する財産には、持分が存在しないこととなり、相続税の課税対象にはなりません。しかも、設立は簡単です。

そこで個人が所有している収益不動産や同族会社株式などの資産を一般社団法人に移し、子がその法人の理事に就任して資産を管理し、報酬を受け取るようにします。すると、相続が発生しても、一般社団法人等には持分がないため、相続税の対象にはなりません。このしくみを利用すれば、子だけではなく、孫やその先の代まで無税で資産を受け継いでいくことが可能になります。

そのため、このような一般社団法人等を利用した行き過ぎた節税策が盛んになり、２０１８年度税制改正で、同族役員（理事）数が2分の1超の一般社団法人等（＝特定一般社団法人等）は、死亡した役員（理事のみ）に対応する純資産額を、一般社団法人等が遺贈で取得したものとして相続税が課されることになりました。

課税対象額は一般社団法人の純資産を同族理事の頭数で割った金額で、納税義務者となるのはその一般社団法人です。

一方、非営利型の一般社団法人等は、個人から資産の贈与や遺贈を受けても、贈与税や相続税は課税されないことになっています。ただ、今までこの非営利型の基準が曖昧でしたが、2018年度税制改正によって左記の4つの要件をすべて満たすことが明文化されました。4つのうちの1つでも満たさなければ贈与税または相続税が課されるということです。

なお、設立が2018年3月31日までの一般社団法人等については、2021年4月1日以降の理事等の死亡に係る相続税から適用されます。

一般社団法人について知っておこう

●2018年度税制改正により要件が厳格化

●同族役員とは

一般社団法人等の理事のうち、以下の条件に当てはまる理事を指す。
・被相続人(死亡した本人)
・被相続人の配偶者
・被相続人の3親等以内の親族
・被相続人と特別な関係を持つ者(たとえば被相続人が役員を務める企業の従業員等)
なお、同族役員として規制の対象になるのは理事だけ(社員や監事、評議員などの数は無関係)。

●特定一般社団法人等とは

相続直前または相続開始前5年以内のうち3年以上の期間について、同族役員(理事)数が2分の1を超える法人

●非営利型一般社団法人等の要件

① 法人の運営組織が適正であり、定款等に役員等に占める親族者の割合がそれぞれの役員等の3分の1以下とする定めがあること

② 法人に対する贈与又は遺贈者、法人の役員等、もしくは社員又はこれらの者の親族等に施設利用、金銭貸付、資産譲渡、給与支給、役員選任、その他の財産の運用及び事業の運営に関し特別の利益を与えないこと

③ 定款等において、法人解散の場合に残余財産が国、地方公共団体その他の公益法人等に帰属する定めがあること

④ その公益法人等につき公益に反する事実がないこと

アイデア

20

経営者は事業承継税制を活用しよう

従来、事業承継税制は適用要件が厳しいため使い勝手が悪く、あまり利用されていなかったが、２０１８年度税制改正により要件が大幅に緩和され使いやすくなった。

経営者のための贈与税、相続税の納税猶予

家族や親族で事業を行っているような中小企業の社長が後継者へ事業を譲ろうとした場合、最も大きな問題はその会社の株式です。

株式の価格は会社の価値が増せば、高くなります。社長が頑張って大きくした会社を後継者に譲ろうとしても、株式の価値が高いと贈与税の問題があって、むやみに譲ることができません。

そこで、こうしたケースでも、事業承継がスムーズに行えるようにするため、２００８年10月１日以降、非上場株式等に係る相続・贈与税の納税猶予制度が創設されました。これがいわゆる事業承継税制です。

事業承継税制は、後継者である受贈者が先代経営者から自社の株式等を贈与により取得して、経営を継続していく場合には、後継者が納付すべき贈与税の納税を猶予する（先延ばしできる）ものです。そして、贈与者である先代経営者が死亡すると、猶予していた贈与税が全額免除になります。実質的に事業を承継する場合、株式等の贈与に対して、贈与税が発生しないということです。

また、贈与ではなく相続等により、非上場会社を経営していた先代経営者（被相続人）から株式

等を取得して経営を継続していく場合には、後継者（事業承継相続人）が納付すべき相続税額のうち、自社株式に対応する相続税は猶予されます。

特例措置により大幅に条件が緩和

しかしながら、これまで事業承継税制を適用するための要件は非常に厳しく、実務で運用するには使い勝手が悪過ぎました。そこで、2018年度の税制改正による特例措置として、以下のように要件が大きく緩和されました。

①納税猶予の対象となる株式数の上限撤廃と納税猶予割合の拡大

これまで納税猶予の対象となる株式数は、全株式の3分の2という上限がありましたが、全株式が対象になりました。また相続の場合の猶予割合は80%でしたが、これが100%に緩和されました。

つまり、これまでは納税猶予が受けられる株式数は全株の53%程度でしたが、改正により100%になりました。

②納税猶予対象者の拡大

これまでは1人の先代経営者から1人の後継者、つまり1対1の事業承継について適用されていましたが、複数人からの承継、複数人への承継のいずれも可能になりました。

たとえば、全株式の60%を保有する先代経営者の父親からだけの承継だけでなく、30%を保有する母親からの承継も納税猶予の対象に。あるいは全株式の100%を保有する先代経営者の父親から長男へ50%、次男へ50%承継した場合も対象となります。

このように複数の株主から、また後継者のほうも最大3人まで事業承継が可能になりました。

③雇用確保要件の緩和

従来、贈与・相続後の5年間の平均で雇用を8割維持することが求められていました。もしこの要件を満たせなかった場合、その時点で猶予期限が確定し、猶予されていた多大な贈与税または相続税を納めなければならないリスクがありました。

しかし改正により、雇用要件は存続するものの、満たせなかった場合でも、後継者の死亡の日等まで納税が猶予されるようになりました。

ただし、満たせなかった理由などを記載した一定の書類を都道府県に提出しなければなりません。また、その理由が経営状況の悪化や、正当なものと認められない場合には、認定経営革新等支援機関から指導・助言を受けて、書類にその内容を記載する必要があります。

④事業廃止や自社株を譲渡した場合の納税額

廃業したり、自社株を譲渡したりすると、納税を猶予されていた贈与税や相続税を払わなければなりませんでしたが、事業の継続が困難な事由が生じた場合の免除制度が創設されました。

具体的には、経営環境の変化を示す一定の要件を満たす場合には、廃業時や売却時の株式評価額を基に税額を再計算し、再計算した税額を納税するだけでよくなりました。当初の猶予額と再計算した税額の差額が免除されるようになったということです。

以上により、中小企業の経営者は贈与時および相続時の税負担がゼロで、後継者に自社の株式を承継させることが可能になりました。

ただし、特例制度を適用するには、２０１８年4月1日から２０２３年3月31日までの間に特例承継計画を都道府県に提出する必要があります。

なお、２０１８年度税制改正による要件緩和は、これまでの事業承継税制に対する特例です。適用されるのは、２０１８年１月１日から２０２７年12月31日までの間に取得する株式等に係る贈与や相続等についてのみです。10年間の時限措置となっています。

事業承継税制制度の特例措置（2018度改正）

●大幅に要件が緩和されて使いやすい制度に！

	従来の制度（一般措置）	特例措置（2018 年度改正）
適用期限	なし	10 年以内の贈与・相続等（2018 年～ 2027 年）
事前の計画策定等	不要	５年以内に特例承認計画の提出
納税猶予対象株数	総株式数の最大３分の２まで	全株式
納税猶予割合	贈与 100%、相続 80%	贈与 100%、相続 100%
承継パターン	複数の株主から１人の後継者	複数の株主から最大３人の後継者
雇用確保要件	承継後５年間、平均８割の雇用維持が必要	弾力化（実質撤廃）
事業の継続が困難な事由が生じた場合の免除	民事再生・会社更生時にその時点の評価額で相続税を再計算し、超える部分の猶予税額を免除	一般措置に譲渡・合併による消滅・解散等を加える
相続時精算課税※	推定相続人等の後継者のみ	推定相続人等以外の人も適用可能

※相続時精算課税制度の適用対象者は推定相続人と孫のみです。これが改正による特例制度では、推定相続人と孫以外の親族や第三者でも相続時精算課税制度の適用を受けて、非上場株式の贈与・相続税の納税猶予の適用を受けることができるようになりました。

この章で紹介した11のアイデア

10 □ 相続税の計算法を押さえておこう
11 □ 墓地や仏壇を取得しておこう
12 □ 生命保険金の非課税枠を利用しよう
13 □ 死亡退職金と弔慰金の非課税枠を利用しよう
14 □ 養子を迎えて相続人を増やそう
15 □ 相続放棄は慎重に検討しよう
16 □ 相続財産を基礎控除額以下にしよう
17 □ 配偶者の税額軽減を上手に利用しよう
18 □ 父母が連続して亡くなったときの節税法
19 □ 一般社団法人を相続税対策に活かそう
20 □ 経営者は事業承継税制を活用しよう

第3章

贈与と財産移転についての節税アイデア

アイデア

21

相続財産を減らそう

相続税の節税対策の基本は相続財産を減らすこと。
贈与と売買を組み合わせて税金が最も少なくなるように財産を移転しよう。

贈与税の特例を活用しよう

相続税の節税対策の基本は、相続財産を減らすことです。もちろん、減らすといっても、隠したり、不要なものを処分したりするわけではありません。税金を払わずに、息子や孫に財産を移転することを指します。

財産の移転の方法には、贈与と売買があります。このうち基本となるのが贈与です。

贈与をする場合は、まずは贈与税がかからない特例を最大限利用します。具体的には、「居住用財産の贈与（贈与税の配偶者控除）」「住宅取得資金の贈与」「結婚・子育て資金の贈与」「教育資金の贈与」について特例が設けられています。

ただし、これらの特例は贈与の目的とその対象となる財産が限られています。また、1人に対して、一生の間に1回しか使うことができないため、どうしても限界があります。

そこで、次に贈与税の基礎控除１１０万円を使った贈与を行います。1人に対して1年間に１１０万円以内であれば、贈与税はかかりません。

見方を変えると、年間１１０万円が限界のため、ある程度の資産家は、相続税と贈与税の累進税率および控除額を比較しながら、贈与税を払ってでも贈与してしまうことを考える必要があります。

このように贈与は相続財産減らしの基本ですが、問題点が2つあります。一つは、財産を贈与して3年以内に相続があると、贈与財産が相続財産に加えられてしまって相続税の節税にならないこと。もう一つは、贈与税の税率は高いので、一度に大きな金額を贈与すると税負担が重いことです。

相続財産を減らす方法には、贈与のほかに売買もあります。必要に応じて贈与と売買を組み合わせて財産を移転してください。

相続財産を減らす方法

●贈与の特例の活用を第一に考える

1 贈与による移転

特例・控除を活用する

- 贈与税の配偶者控除
- 住宅取得資金の贈与
- 教育資金の贈与
- 結婚・子育て資金の贈与
- 110万円の基礎控除

2 売買による移転

ただし、贈与には問題点がある

- 贈与後、3年以内に相続があると、贈与した財産は相続財産に含められてしまう
- 贈与税の税率は高いので、一度に大きな額を贈与できない

Point

必要に応じて、贈与と売買を組み合わせて相続財産を移転しよう

アイデア

22

2500万円まで無税で贈与できる

相続時精算課税制度を利用すれば、一般財産なら2500万円まで無税、それを超える部分は一律20%の税率で贈与できる。

相続時精算課税制度とは？

一昔前であれば、贈与税の税率は高いので生前贈与はむやみにできないというのが常識でした。ところが、2003年に相続時精算課税制度が創設され、贈与財産が2500万円までなら無税で贈与できるようになりました。さらにそれを超える部分については一律20%の税率で贈与することができるようになっています。

この制度では、相続時に相続財産と生前に贈与された財産とを合計して相続税額を計算し、すでに支払った贈与税分を差し引いて納付することになります。そのため、相続時精算課税制度を利用すれば、生前贈与によって財産を取得しても、相続した場合と同じ負担水準で済むわけです。

ただし、相続時精算課税制度は、必ず使わなければならないというものではありません。あくまで選択制となっていて、後述するようにデメリットもあります。したがって、従来どおりの方式で納税したほうがいい人もいます。

相続時精算課税制度を利用できるのは、贈与者が満60歳以上の親と祖父母であり、贈与を受ける人は満20歳以上の子と孫である推定相続人（相続人となる権利がある人）の場合です。これには代

相続時精算課税制度を利用すると？

●贈与税の非課税枠は使えるが、相続時に相続税がかかる

贈与税の計算

毎年1000万円ずつ、4年間にわたって父親から子に贈与が行われた

1000万円

1年目
2年目
非課税（2500万円の枠内）

3年目 500万円
500万円が課税対象（500万円 × 20%）

4年目
全額課税対象（1000万円 × 20%）

贈与税の額 ＝500万円×20%＋1000万円×20%
＝300万円

相続税の計算

親が亡くなって相続が発生。相続財産は1億円で相続人は1人

相続税の対象 ▶相続財産1億円 ＋ 贈与財産4000万円 ＝ 1億4000万円
基礎控除額 ▶3000万円 ＋ 600万円×1人 ＝ 3600万円
課税遺産総額 ▶1億4000万円 － 3600万円 ＝ 1億400万円

相続税額 ＝1億400万円×40%－1700万円＝2460万円

ただし、すでに贈与税300万円を支払っているので、

納付する税額 ＝2460万円－300万円＝2160万円

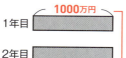

襲相続人（相続人が被相続人よりも先に亡くなっているため、相続財産を受け継ぐことになる、被相続人から見て「孫」「ひ孫」）も含まれ、贈与を受ける人についての人数制限はありません。

相続時精算課税制度の適用を受けるには、贈与を受けた年の翌年2月1日から3月15日までの間に、税務署にこの制度を選択する旨の届出が必要です。最初の贈与時に届出を提出すると、相続の時までこの制度の適用が継続されます。

財産の贈与を受ける、子である推定相続人が複数いる場合は、その兄弟姉妹がそれぞれ別々にこの制度を選択できます。また、財産を贈与する側も、父、母ごとにこの制度を選択できます。贈与財産の種類、金額、贈与回数に制限はありません。

相続税対策にはならないので要注意

相続時精算課税制度では、制度の対象となる親が死亡した際の相続時に、相続財産に相続時精算課税制度でもらった贈与財産を加えて相続税を計算することになります。

つまり、単に贈与税と相続税の二重取りをされないようになるだけの制度なので、いくら同制度を使って生前贈与しても、相続税対策にはならないことに注意してください。

一般的に相続時精算課税制度は、相続税がかからないくらいの家庭で、とにかく早めに財産を移転したいという場合に使うべきものです。資産家で生前贈与により相続税を節税したいときには、選択すべきではありません。

前記のとおり、相続時精算課税制度は、最初の贈与時に届出をすると、相続の時まで継続して適用されます。

逆に一度選択してしまうと、その次に同じ親から贈与を受けるときも、通常の贈与税の制度に戻ることはできないということです。適用にあたっては、慎重に判断しましょう。

相続時精算課税と暦年課税

●相続税の節税効果は相続時精算課税にはない

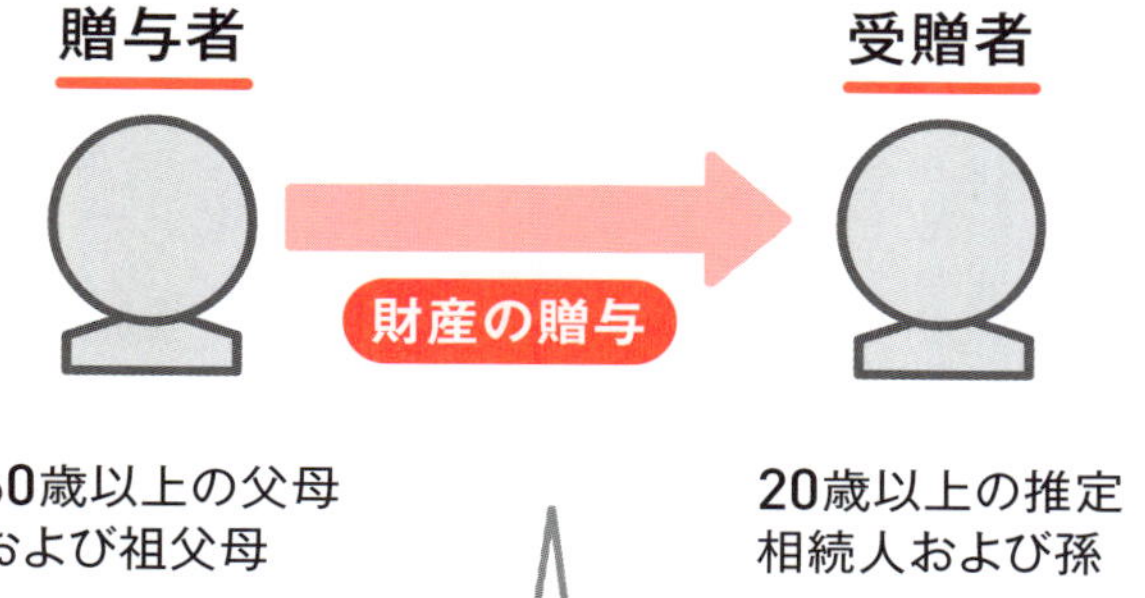

	相続時精算課税	暦年課税
控除額	特別控除額 **2500**万円	基礎控除額 毎年**110**万円
税　率	特別控除額を超えた部分に対して 一律**20**%	基礎控除額を超えた部分に対して 贈与税の速算表の税率（253ページ）
相続時の扱い	贈与財産は相続財産に加算して相続時に精算	贈与財産は原則として相続財産に加算する必要なし

アイデア 23

住宅購入資金を子や孫に贈与しよう

相続税対策としての生前贈与なら、相続時精算課税制度よりも従来からの特例を使ったほうがよい。

住宅取得等資金の贈与税の特例

親や祖父母から、子や孫へと住宅購入資金を贈与しても、一定の金額までは贈与税がかからない特例制度があります。

非課税とされる限度額は、その資金によって取得する住宅の種類や契約を締結する時期によって異なります。消費増税対策の意味もあって、新築等の契約を締結した日が2019年4月1日以降の場合、非課税枠が拡大されました。

住宅の購入資金だけではなく、建築資金やリフォームのための資金も対象になりますが、住宅そのものの贈与については、この制度の適用はありません。

この特例を利用する場合、たとえ贈与税がかからないとしても、必ず贈与税の申告はしなければなりません。申告期限（例年3月15日）に1日でも遅れると、原則として、この特例を受けることができなくなりますので注意してください。

また、将来、親からの相続時に、小規模宅地等の特例（一定の要件を満たすと土地の相続税評価額を最大80％減額できる制度）を受けられなくなる可能性が出てきます。

なぜならば、小規模宅地等の特例の適用条件として、自宅を相続する人が原則として配偶者か同居親族だけとなっているからです。つまり、持ち家のある子には適用されないということです。

もし相続人に配偶者、同居親族の両者とも存在しない場合には、いわゆる家なき子特例（102ページ）を受けることも可能です。この家なき子特例を使う予定があるのであれば、子にあえて住宅を持たせないという方法も考えられます。家なき子特例を使わないのであれば、住宅取得等資金の贈与税の特例を使っても問題はありません。

住宅取得資金贈与の特例とは？

●子や孫の住宅購入を援助しながら節税

特例を受けるための要件は？

①受贈者は20歳以上で、その年分の合計所得金額が2000万円以下であること
②登録上の床面積が50㎡以上240㎡以下で、かつ、その家屋の床面積の２分の１以上が居住用であること
③新築であること、中古の場合は建築後20年以内（耐火建築物は25年以内）のもの
④贈与を受けた年の翌年３月15日までに住宅取得等資金の全額を充てて住宅用の家屋の新築等をすること
⑤贈与を受けた年の翌年３月15日までに居住するか、12月31日までに居住する見込みであること

非課税限度額は？

●消費税８％または非課税の場合

住宅新築契約締結日	非課税限度額	
	省エネ住宅等※	一般住宅（左記以外）
2016年１月１日～2020年３月31日	1200万円	700万円
2020年４月１日～2021年３月31日	1000万円	500万円
2021年４月～１日2021年12月31日	800万円	300万円

※売主が個人の中古物件は消費税非課税

●消費税10％の場合（2019年10月１日以降）

住宅新築契約締結日	非課税限度額	
	省エネ住宅等※	一般住宅（左記以外）
2019年４月１日～2020年３月31日	3000万円	2500万円
2020年４月１日～2021年３月31日	1500万円	1000万円
2021年４月１日～2021年12月31日	1200万円	700万円

※「省エネ住宅等」には、省エネ住宅（省エネルギー対策等級４または、１次エネルギー消費量等級４）のほか、耐震住宅（耐震等級２級または免震住宅）およびバリアフリー住宅も含まれます。

アイデア

24

妻へは住宅を贈与しよう

結婚して20年以上経った夫婦間で住宅または住宅資金の贈与をしても、2000万円までは税金がかからない。相続法改正でいっそう有利になった。

贈与税の配偶者控除を利用しよう

夫婦の婚姻期間が20年以上経過していれば、夫婦間で住宅または住宅を取得するための資金を贈与した場合、2000万円までは贈与税がかからないことになっています。これを「贈与税の配偶者控除」といいます。

贈与税の基礎控除110万円と合わせれば、2110万円まで無税で贈与できますので、相続税の節税対策としては、まず最初に実施すべき対策の一つといえます。

併用住宅のように居住用部分と居住用以外の部分が贈与財産にあるときは、その居住用部分だけが配偶者控除の対象となります。ただし、居住用以外の部分の面積が、全体の10分の1以下のときは、その全体を居住用不動産とみなすことができます。

また、土地と建物は別々に贈与することができます。土地（または借地権）だけを贈与をしても、建物だけを贈与しても、配偶者控除が受けられます。土地や建物の全体ではなく、全体の何分の1かの持分を贈与することもできます。

なお、これまでは贈与をしたとしても、遺産の先渡しを受けたものとして取り扱われていたため、配偶者の相続時に取得する財産と合わせると、結果的に贈与があってもなくても同じことになっていました。

ところが、相続法の改正により、婚姻期間が20年以上の夫婦間による住宅等の贈与については、遺産の先渡しを受けたものとして取り扱う必要がなくなりました。その結果、遺産分割時の配偶者の取り分が増えることになります。

配偶者控除を受けるための要件は?

● 2019年7月1日施行の改正相続法でより有利に

1. **婚姻期間** → 20年以上
   ※婚姻の届出があった日から贈与の日までの期間
2. **贈与財産** → 居住用不動産 または 居住用財産を取得するための金銭
3. **居住要件** →
   （居住用不動産を贈与した場合）
   翌年3月15日までに居住する
   （金銭を贈与した場合）
   翌年3月15日までに住宅を取得し、居住する
4. **1回限り** → 今までにその配偶者からの贈与について配偶者控除を受けていないこと
5. **申告要件** → 贈与税がかからない場合でも申告する

Point

上の要件を満たしていれば、住宅もしくは住宅の取得資金を配偶者に贈与しても税金はかからない

アイデア

25 毎年１１０万円を贈与しよう

年間１人あたり１１０万円以内の贈与であれば、贈与税はかからない。これを利用して、子や孫に財産を贈与すれば、簡単に節税できる。

長い期間をかければ大きな効果がある

贈与税は、毎年1月1日から12月31日までの間に贈与を受けた財産の合計額に対して課税されることになっています。贈与税を納めるのは、贈与を受けた個人です。

贈与は夫婦間や親子間で行われるのがふつうですから、贈与に税金がかからないとしたら、これを自由に行って相続税を納めなくても済むようになってしまいます。そこで贈与が行われた場合には、贈与税を課税することによって、相続税逃れができないように補完しているわけです。

ただし、贈与税には基礎控除の１１０万円があって、年間１人あたり１１０万円までの贈与については、贈与税がかからないことになっています。この基礎控除は贈与した側の人、１人につき１１０万円ということではなく、贈与を受けた人、１人につき１１０万円だということに注意してください。たとえば、４人から１１０万円ずつ贈与を受けた場合でも、その贈与を受けた人の年間の基礎控除額は１１０万円です。

大きい金額ではありませんが、この基礎控除１１０万円を利用して子や孫に贈与し、財産を移転するのは、誰でも簡単に行える相続税対策です。子や孫が10人いれば、この方法により1年で1100万円、5年で5500万円、10年で1億1000万円の財産を無税で移転することができます。

なお、この小刻み贈与を長期間にわたって行う場合には、次項で説明するように連年贈与とみなされたり、贈与事実が否認されたりすることがないように注意する必要があります。

贈与税の計算方法

●年間1人あたり110万円までの贈与は無税

贈与税額 ＝

（贈与財産の価額 － 基礎控除額（110万円））× 税率 － 控除額

贈与財産の価額：1年間に贈与を受けた財産の相続税評価額の合計額

贈与税の速算表（一般贈与財産用）

基礎控除後の課税価格	税率	控除額
200万円以下	10%	－
200万円超300万円以下	15%	10万円
300万円超400万円以下	20%	25万円
400万円超600万円以下	30%	65万円
600万円超1000万円以下	40%	125万円
1000万円超1500万円以下	45%	175万円
1500万円超3000万円以下	50%	250万円
3000万円超	55%	400万円

※この速算表は、253ページ「特例贈与財産」に該当しない場合の贈与税の計算に使用します。たとえば、兄弟間の贈与や夫婦間の贈与、親から子への贈与で子が未成年者の場合などに使用します。

Point

年間、1人あたり110万円の基礎控除を利用すれば、簡単に相続税対策ができる

アイデア

26

生前贈与で注意することとは？

毎年同じ金額の贈与を続ける連年贈与をすると、思わぬ贈与税が課せられることがある。税務署とトラブルにならないように細心の注意を払おう。

その都度、贈与の契約をすること

毎年同じ金額の贈与を何年も続けることを連年贈与といいます。贈与税には１１０万円の基礎控除があるため、この範囲内の贈与なら贈与税はかからないのが原則ですが、毎年１１０万円ずつ連年贈与を受け続けていると、一括して贈与税をかけられることがあります。

たとえば、毎年１１０万円ずつ10年間にわたって贈与を行った場合、基礎控除の範囲内なので贈与税はかからないと考えがちです。ところが、最初の年に１１００万円（厳密にいうと有期定期金に準じて評価する）の贈与があったものとみなされて、贈与税がかかってくることがあります。これは最初から１１００万円を贈与する意思があって、それを分割して贈与したにすぎないと、判断されるからです。

ですから、毎年贈与する場合には、その都度、贈与の意思決定があったことを証明するために、毎年贈与契約書を作成しておきましょう。さらに、今年は１１０万円、翌年は１１１万円というように毎年贈与する金額を変えたり、今年は現金、来年は有価証券というように、贈与する財産を毎年変えておけば万全です。

連年贈与とみなされるとどうなる?

●贈与税が一括してかかるので注意すること

毎年110万円ずつ、10年間にわたって贈与した場合

110万円×10=1100万円の贈与

納税者の見解は?

- 贈与税の基礎控除の範囲内の贈与である
- したがって、贈与税はかからない

税務署の見解は?

- 最初の年は贈与の契約が交わされただけ
- 贈与が完了するのは10年後の分割贈与である
- 最初から1100万円を贈与する意思があった

このケースの場合

1100万円贈与の意思があったものとして
271万円※の贈与税を課税する

※(1100万円−110万円)×40%−125万円=271万円
なお、贈与合計金額1100万円は相続税法24条の定期金に関する権利の評価方法が適用されると、評価額が下がり、贈与税額が減少する可能性がある

Point

連年贈与とみなされないよう、毎年契約書をつくるなど、細かい工夫をしておこう

贈与した財産は相手に渡してしまうこと

生前贈与、特に小刻みに贈与する場合には、税務署との間でトラブルになることが少なくありません。前出の連年贈与がその一つですが、もう一つ、本当に贈与があったかどうかという贈与事実の認定についてもよく問題になります。

実際、次のような事例がありました。

相続が発生して相続税の申告をしました。親から生前贈与を受けて、財産の移転はすでに済んでいるという認識でした。

ところが、その後、税務調査があって、亡くなった親の持ち物から、子や孫の名義の預金通帳が発見されました。税務署は、その通帳が被相続人の管理下にあって、銀行印も被相続人のものと同一であったことから、贈与は成立していないとして、子や孫名義の預金についても相続税を課税してきたのです。

こうした相続人側の「たしかに贈与を受けた」という主張に対して、税務署側の「贈与の事実は認められない」といったトラブルはしばしば見受けられます。

このようなトラブルを避けるためには、贈与した財産を相手に確実に渡してしまう必要があります。もしそれができない場合には、少なくとも預金なら別の印鑑を使用し、通帳も別に保管するようにしてください。

また、贈与契約書を作成しておく、不動産を贈与する場合には登記を変更しておく、現金を贈与する場合には、もらう人のメインの預金口座に振り込むなどの方法により、贈与の証拠を残しておくようにしましょう。

贈与の証拠を残そう

●疑われないように、できることはすべてしておこう

贈与契約書

贈与者と受贈者が署名捺印して、贈与の意思があったことを明確にしておく

所有権の移転

財産を受贈者に渡して自由に使用したり処分したりできるようにする

名義の変更等

・不動産の登記
・預金口座への振込
・有価証券の名義

などで証拠を残しておく

贈与税の納付

111万円の贈与をして、贈与税の申告と1000円（111万円に対する贈与税）の贈与税を納付して税務署にも証拠を残しておく

Point

贈与をめぐって税務署とトラブルになることは少なくない。トラブルを避けるためには、贈与の証拠を残しておこう

アイデア

27

孫へ財産を贈与しよう

孫には相続開始前3年以内の贈与財産の加算の規定が適用されない。
また、世代飛び越しの効果で、1回分の相続税を節税できる。

世代飛び越しの効果もある

相続または遺贈によって財産を取得した人が、その相続の開始前3年以内に、被相続人から贈与によって財産を取得している場合には、その贈与によって取得した財産は相続財産に加えて相続税を計算することになっています。

したがって、相続税対策として贈与を行ったとしても、その後3年以内に相続があると、無意味になってしまいます。

財産の贈与による相続税対策は、長い時間をかけないと、それほど大きな効果が期待できるものではありません。

ただし、孫や子の配偶者のように相続権のない人に対して行われた贈与については、遺贈を受けている場合を除き、贈与財産が相続財産に加算されることはありません。そこで、相続の時期が近づいていると思われるときは、孫に財産を贈与すると効果的です。

さらに、孫への贈与には世代飛び越しの効果があります。孫が財産を引き継ぐのは、通常は2度の相続を経てからです。2度の相続による相続税は大変な負担になりますが、子を飛ばして孫に財産を贈与することによって、1回分の相続税をパ

相続開始前3年以内の贈与財産の加算とは？

● 孫や子の配偶者への贈与も検討してみる

相続または遺贈により財産を取得した人が、相続開始前3年以内に被相続人から贈与を受けた財産は、相続財産に加算される

贈与税額控除がある

↓

贈与税を払っている場合には、次の金額が相続税額から控除される

$$\text{控除額}=\text{その年の贈与税額}\times\frac{\text{課税価格に加えられた贈与財産}}{\text{その年の贈与税の課税価格の合計}}$$

贈与税の配偶者控除を受けた居住用財産の場合

↓

相続開始前3年以内の贈与財産の加算の対象にならない。相続のあった年に贈与された場合でも同様

Point

孫や子の配偶者など、相続権のない人に対しての贈与は、遺贈を受けている場合を除いて、贈与財産が相続財産に加算されることはない

スできるのです。
しかも、孫への贈与のしかたによっては、相続

税よりも低い贈与税の税率で財産を移転することができるのです。

アイデア
28

教育資金1500万円を孫に贈与しよう

祖父母が孫などに教育資金を一括贈与しても、孫1人につき1500万円までなら贈与税はかからない。

教育資金は金融機関に信託しておく

祖父母が孫などに将来の教育資金（授業料や入学金など）をまとめて譲り渡した場合、1人あたり1500万円までなら贈与税がかかりません。これを利用すれば、孫が4人いる場合、無税で合計6000万円まで教育資金を贈与することができます。

この制度を利用するための条件は次のとおりです。

①受贈者は30歳未満の者で、その年の合計所得金額が1000万円以下であること

②教育に充てるための資金であること（教育資金とは、文部科学大臣が定める「学校等に支払われる入学金や授業料等」「学校等以外に支払われる金銭のうち一定のもの」のこと）

③その祖父母などが金銭を拠出すること

④金融機関に孫などの名義の口座を開設し、信託等をすること

⑤2021年12月31日までに拠出すること

⑥教育資金非課税申告書を金融機関を経由して、受贈者の納税地の所轄税務署長に提出すること

これにより拠出された金銭等の額のうち、受贈者1人につき1500万円（学校以外に支払われる金銭は500万円)まで贈与税はかかりません。

受贈者は払い出した金銭を、教育資金の支払いに充当したことを証する書類を金融機関に提出しなければなりません。

なお、受贈者が30歳に達した日に、金融機関に拠出した資金の使い残しがあると、学校に在学している場合などを除き、残額に対して贈与税が課税されることになります。

教育資金の一括贈与非課税制度

●1500万円の贈与が無税でできる

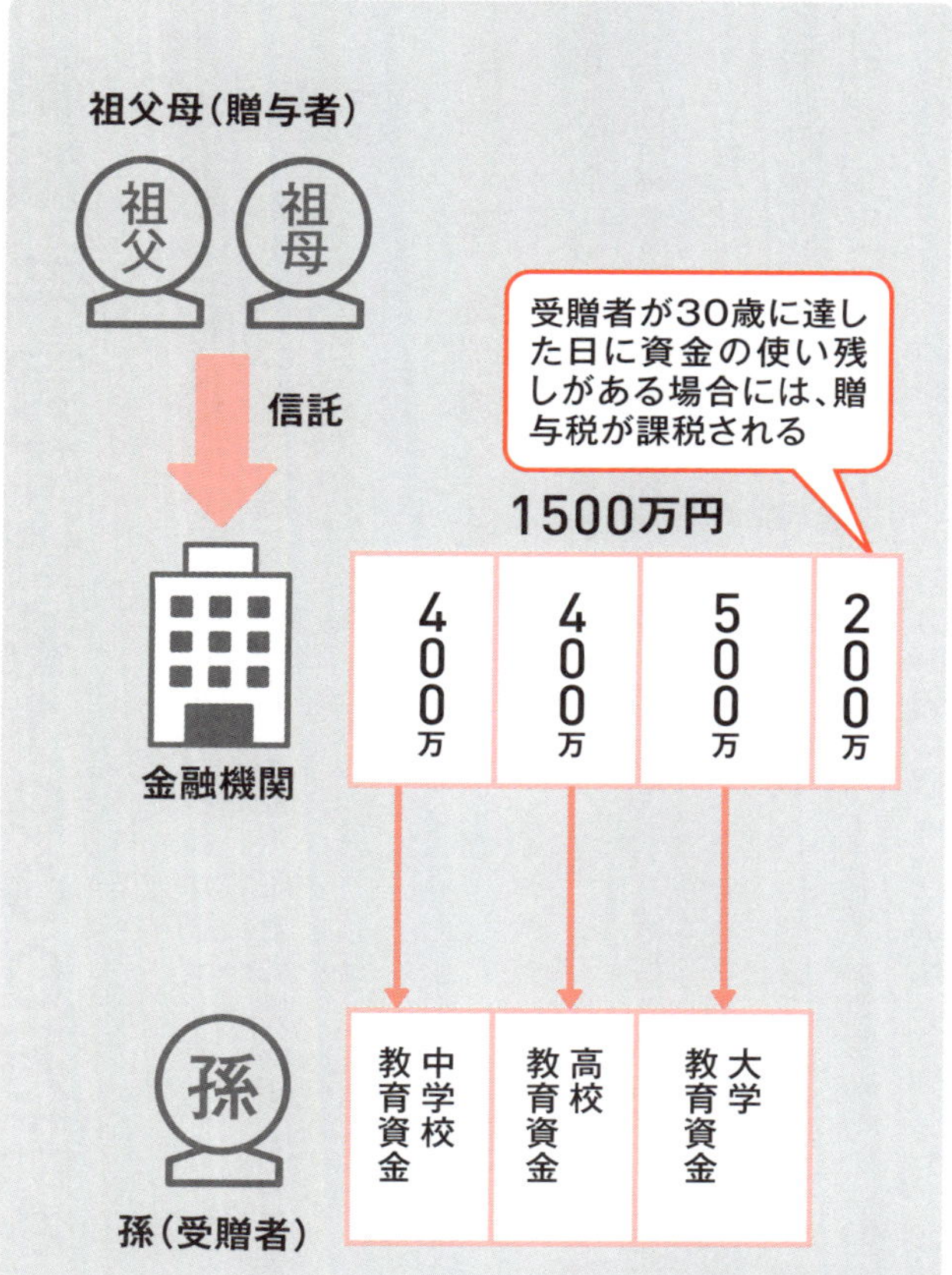

Point

条件を満たして、この制度を利用すれば孫へ1人あたり1500万円(学校以外へ支払われる金銭は500万円)までなら贈与税がかからずに贈与できる

アイデア

29

結婚・子育て資金１０００万円を贈与しよう

２０１９年度税制改正で2年間の延長が決定。結婚・子育て資金などの贈与税の特例を使って生前贈与し、相続財産をできるだけ減らしておこう。

結婚・子育て資金贈与の特例

結婚・子育て資金とは、結婚に際して支払う費用および妊娠や出産、育児に要する費用などのことです。この結婚・子育て資金に充てるために、20歳以上50歳未満の人が、親や祖父母から金融機関に信託等をされた金銭については、1人あたり１０００万円まで（結婚資金は３００万円が限度）の贈与が非課税となります（ただし、受贈者の合計所得金額が１０００万円超の場合は適用されません）。金融機関に信託するとは、金融機関に資産を預けて運用してもらうことです。

この特例を利用するためには、２０２１年3月31日までに金融機関に申し込み、祖父母や父母から、20歳以上50歳未満の子や孫の専用口座に一括で振り込み贈与します。結婚・子育て資金に充てた領収書等は専用口座のある金融機関に提出し、税務署への申告は金融機関が行います。

結婚資金等の一括贈与の制度は、次のいずれかの場合で終了し、課税関係もこれで確定します。

①贈与者が死亡

残額に贈与税はかかりませんが、相続財産に加算したうえで相続税が計算されます。なお、残額に対応する相続税額には、2割加算はありません。

②受贈者が死亡

使い切れなかった金額があっても贈与税はかかりませんが、残額は受贈者の相続財産になります。

③受贈者が50歳に達した

残額に対して贈与税がかかります。

この特例の上手な使い方としては、孫に金融機関を通じて信託（贈与）して、そのお金は使わずにおきます。そして結婚・子育てに必要な資金はその都度贈与すれば、非課税となります。

贈与者が死亡した場合には、残額（満額そのまま）に相続税がかかりますが、２割加算はありませんし、その都度行った贈与についても、３年以内に相続があっても加算はありません。２割加算になる孫への遺贈よりも有利となります。

結婚・子育て資金贈与の非課税措置

●非課税の生前贈与で、相続財産を減らす

結婚・子育て資金として認められるもの

●結婚に要する費用

結婚式、披露宴の費用／結納費用／新居の住居費（新婚生活に必要な家電、生活用品等）／引っ越し費用

●妊娠や出産、育児に要する費用

不妊治療費／出産費用／産後ケア費用／子どもの医療費／ベビーシッター代／幼稚園、保育所等の保育料

**結婚・子育て資金贈与の
メリット・デメリット**

●メリット

①最大30年間で1000万円を使い切れば、贈与税も、相続税も非課税

②教育資金とは違って支出の用途が広いため、支出の時期によっては、短期間での使い切りも可能

③贈与者が死亡した際の残額の使途は自由で、特に孫の場合には相続税の2割加算の対象にならない

④認知症になった場合でも、将来分まで贈与できて安心できる

●デメリット

①結婚・子育て資金贈与はその都度の贈与でも非課税。よって、手間がかかるわりには、相続税対策の効果は薄い

②金融機関への領収書の提出が手間

③孫には状況がわからないため、喜んでもらえない。もしくは喜んでもらえても一度切りで、その点、その都度贈与なら何度も喜んでもらえる

アイデア

30

ジュニアNISAで子や孫に贈与しよう

投資資金（ほかの贈与と合計して110万円超の場合）は贈与税の対象になるが、投資した金融商品の配当金や売買益等にかかる税金が非課税となる。

未成年者少額投資非課税制度

ジュニアNISA（ニーサ）は、2016年1月から口座開設の受付が開始された未成年者少額投資非課税制度の愛称です。証券会社や銀行、郵便局などの金融機関で、ジュニアNISA口座を開設して、上場株式・ETF・REIT・株式投資信託（公募のものに限る）などを購入すると、本来20・315%の税率で課税される配当金や売買益等が非課税となる制度です。年間投資上限金額は80万円で、非課税期間は最長5年間です。

ジュニアNISA口座で運用できる資金は、口座開設者本人（未成年者）に帰属する資金に限定されます。ジュニアNISAの非課税枠である年間80万円というのは、あくまでジュニアNISAで投資した金融商品の配当金、売買益等にかかる税金が非課税となるものです。

祖父母や両親のお金でジュニアNISAによる投資をする場合、子や孫へ贈与したうえで投資することになります。贈与税の計算対象になりますので、ジュニアNISAの資金以外にも子や孫への贈与があり、その合計金額が年間110万円以内なら無税。110万円を超えてしまうと贈与税がかかり、相続税対策の効果としては、配当金、売買益等にかかる税金相当分しかありません。

なお、ジュニアNISAは、20歳以上の人が利用できるNISAとは異なり、3月31日時点で18歳である年の前年の12月31日までは払い出し制限があります。勝手に払い出すことができないため、確実に贈与することができます。

また、万が一、要件に反して払い出された場合には、それまで非課税で受け取った配当金や売買益について、払い出し時に利益があったものとして課税されるので注意してください。

ジュニアNISAとは?

●2023年まで毎年80万円まで投資(贈与)できる

利用できる人	日本に住んでいる０～19歳 （口座を開設する年の１月１日現在）
非課税対象	株式・投資信託等への投資から得られる配当金・分配金や譲渡益（国内上場株式の配当金、ETF・REITの分配金は、証券会社を通じて受け取る場合のみ非課税）
口座開設可能数	１人１口座 ・複数の金融機関で開設することはできない ・口座を廃止しなければ、金融機関の変更はできない ・口座を廃止すると、過去の利益に対して課税される
非課税投資枠	新規投資額で毎年80万円が上限（未使用分があっても翌年以降への繰り越しはできない）
非課税期間	最長５年間（期間終了後、新たな非課税投資枠への移管＝ロールオーバーによる継続保有が可能）
投資可能期間	2016年～2023年（2023年12月末以降、当初の非課税期間である５年間の満了を迎えても、一定の金額までは20歳になるまで引き続き非課税で保有可能）
運用管理者	口座開設者本人（未成年者）の２親等以内の親族（両親・祖父母等） ※金融機関によって異なる場合があるので、口座を開設する金融機関に要問い合わせ
払い出し	18歳までは払い出し制限あり ・３月31日時点で18歳である年の前年12月31日までの間は、原則として払い出しができない ・18歳になるまでに口座から払い出しを行うと、過去の利益に対して課税され、ジュニアNISA口座を廃止することになる ・災害等やむを得ない場合には、非課税での払い出しが可能だが、その際、口座は廃止される

アイデア

31

相続間近なら税金を払ってでも贈与しよう

できるだけ贈与税を払わずに財産を移転すべきだが、短期的な相続税対策では贈与税を払ってでも贈与することを検討しよう。

相続税と贈与税のどちらがトクか

相続の時期が近づいている場合には、孫などに贈与するのが有効です。しかし、短期的な対策としては、贈与税の基礎控除１１０万円程度の贈与では、ほとんど効果は期待できません。短期的な対策の場合には、ある程度、贈与税を払ってでも贈与をして、相続税の節税を図る必要があります。

どの程度の贈与を行うかは、相続税の税率と贈与税の税率を比較して決定します。贈与税の税率が、いま相続があったとした場合の相続税の税率よりも低い範囲内で贈与すれば、相続税の節税になります。例として左ページをご覧ください。

いま相続があった場合、相続税の税率は30％で、相続税額は５４６０万円です。贈与税の税率が20％となる７００万円を、20歳以上の７人の孫に贈与したとします。このときの贈与税は６１６万円で、贈与後の相続税額は３９８９万９４００円、贈与税と相続税の合計負担額は４６０５万９４００円です。したがって、この例では６１６万円の贈与税を払うことになりますが、贈与税と相続税の合計では約８５４万円の節税になります。

短期的な対策では、贈与税を払ってでも贈与することを検討してみてください。

贈与税を払ってもトクするケースとは？

●相続税と贈与税の税率の比較がポイント

設例 相続財産：3億円
相続人：子3人（その他に孫が7人）

① 対策実施前の相続税は？

3億円 －（3000万円 ＋ 600万円 × 3）＝2億5200万円
（基礎控除）

2億5200万円 × $\frac{1}{3}$ ＝ 8400万円（子1人あたりの取得分）

8400万円 × 30％ － 700万円 ＝ 1820万円（子1人あたりの相続税）

1820万円 × 3 ＝ 5460万円（相続税負担額）

② 孫に贈与した場合の贈与税と相続税は？

ⓐ 贈与税の計算

相続税の税率30％よりも低い税率となる範囲で贈与をする。
たとえば孫7人に700万円ずつ贈与する。

700万円 － 110万円 ＝ 590万円
（基礎控除）

590万円 × 20％ － 30万円 ＝ 88万円（孫1人あたりの贈与税）
88万円 × 7人 ＝ 616万円（贈与税の合計）

ⓑ 対策後の相続税

3億円 － 700万円 × 7人 ＝ 2億5100万円（贈与後の相続財産）

2億5100万円 －（3000万円 ＋ 600万円 × 3）＝ 2億300万円
（基礎控除）

2億300万円 × $\frac{1}{3}$ ＝ 6766万6000円（子1人あたりの取得分）…千円未満切捨

6766万6000円 × 30％ － 700万円 ＝ 1329万9800円（子1人あたりの相続税）

1329万9800円 × 3 ＝ 3989万9400円（対策後の相続税負担額）

ⓒ 贈与税と相続税の合計

ⓐ ＋ ⓑ ＝ 4605万9400円

③ 節税額は？

① － ② ＝ 854万600円

アイデア

32

同族会社を通して財産を贈与しよう

会社から贈与された財産は一時所得として50万円まで非課税。贈与税の基礎控除と合わせて１６０万円までは無税で贈与できる。

基礎控除と特別控除をダブル適用する

贈与税は個人からの贈与によって、財産を取得したときに課税される税金です。したがって、個人が会社から贈与により財産を取得した場合には、贈与税はかかりません。

会社からの贈与によって、財産を取得したときには、一時所得として所得税がかかることになっています。

会社から財産の贈与を受けて一時所得となった場合には、次のようなメリットがあります。

①一時所得には50万円の特別控除がある

贈与価額から50万円を差し引くことができるので、50万円までの贈与なら税金はかかりません。

②一時所得の金額は、その2分の1だけが総所得金額に算入されて所得税の対象になる

贈与価額から50万円を差し引いた金額の2分の1について、ほかの所得と合算して所得税がかかることになります。

③所得税は贈与税よりも税率がずっと低い

まず親が同族会社に財産を贈与し、次にその同族会社が子に財産を贈与します。このように同族会社を利用して財産を贈与することにより、無税あるいは贈与税よりもずっと少ない金額で財産を

同族会社を利用した贈与の流れ

●受贈益として受け取り、寄付金として贈与

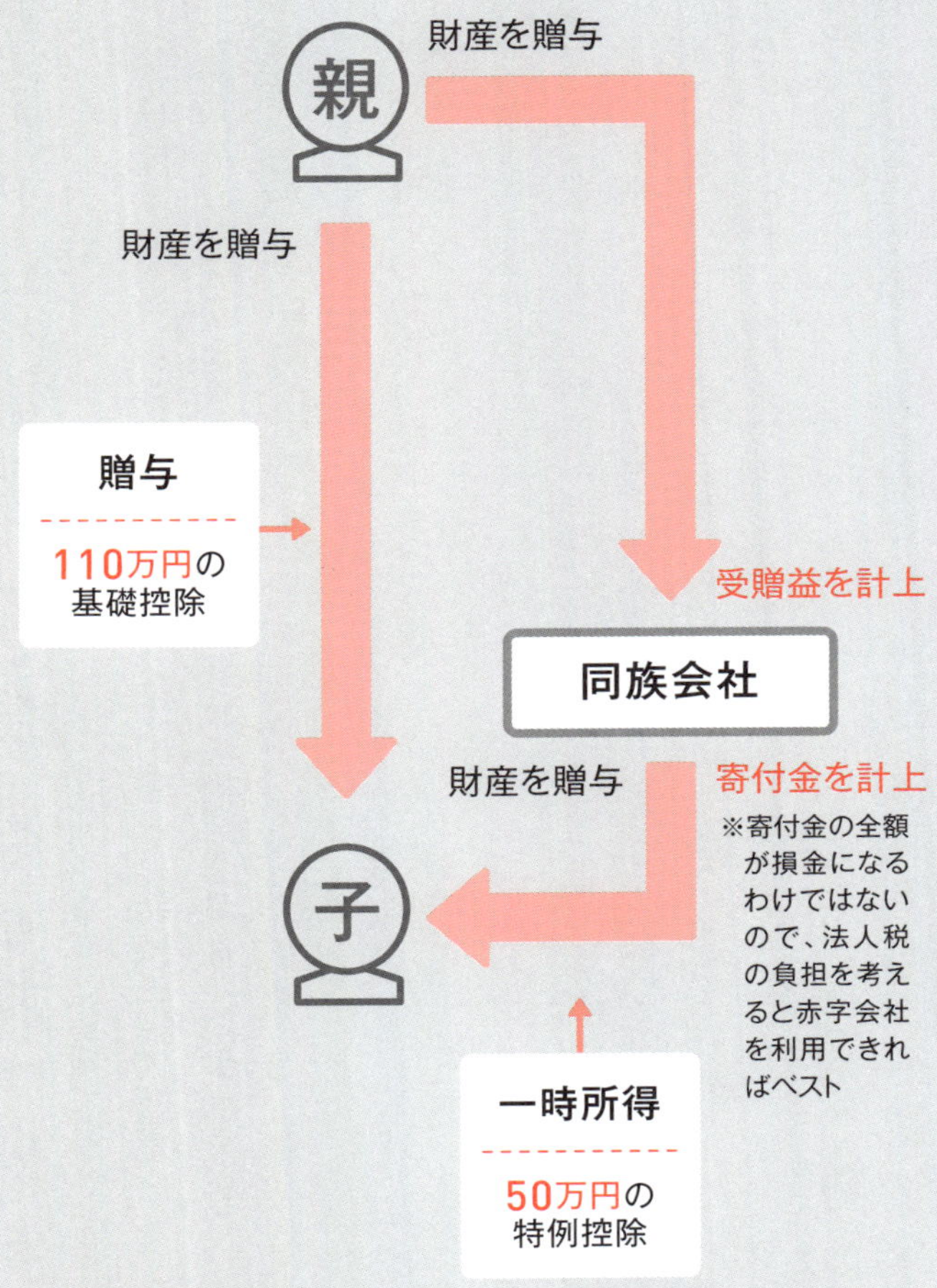

Point

同族会社を利用すれば、年間160万円までは無税で財産を贈与できる

移転することができます。

しかも、年間１１０万円の贈与税の基礎控除と、50万円の一時所得の特別控除を合わせて、１６０万円まで無税で贈与できることになります。

アイデア

33

現金より不動産、ゴルフ会員権で贈与しよう

不動産やゴルフ会員権を贈与したときの評価は相続税評価額であり、通常の取引価額よりも低いので、現金を贈与するより効果的である。

ゴルフ会員権なら負担付贈与もできる

贈与税を計算するときの財産の価額は、通常の取引価額ではなく、相続税評価額によることになっています。不動産やゴルフ会員権の相続税評価額は、通常の取引価額よりも低いのが一般的です。そのため、生前贈与による相続税の節税対策では、現金で贈与するよりも、不動産やゴルフ会員権などを贈与したほうがより効果的です。

不動産の相続税評価額は、場所によっても異なりますが、通常の取引価額の70%から80%程度です。現金で贈与するよりも不動産で贈与したほうが、2、3割はトクするわけです。

不動産と同じように、通常の取引価額と相続税評価額の差額が大きい資産にゴルフ会員権があります。取引相場のあるゴルフ会員権は、通常の取引価額の70%で評価することになっています。

また、借金と一緒に財産を贈与することを負担付贈与といいますが、ゴルフ会員権はこの負担付贈与により、子に移転することもできます。不動産を負担付贈与した場合の評価額は、相続税評価額ではなく、通常の取引価額によりますが、ゴルフ会員権を負担付贈与にした場合の評価額は相続税評価額によることができます。

たとえば、２０００万円のゴルフ会員権を、６００万円の自己資金と１４００万円のローンで買ったとします。このゴルフ会員権の相続税評価額は１４００万円（＝２０００万円×70％）ですので、これを１４００万円のローンと一緒に子に贈与しても贈与税はかからないというわけです。

現金よりも不動産を贈与したほうがトク

●取引価額と相続税評価額の差異を活用する

通常の取引価額を
1000万円とすると
それぞれの相続税評価額は…

財産の種類	相続税評価額
現金	1000万円
家屋	約700万円
土地	約800万円
ゴルフ会員権	700万円

Point

相続税評価額が通常の取引価額よりも低い財産を贈与すると、より効果的な対策になる

アイデア

34

障害者の扶養者は非課税制度を利用しよう

心身障害者扶養共済制度に基づく給付金の受給権は贈与税・相続税ともに非課税。
また特別障害者への信託受益権の贈与は６０００万円まで非課税でできる。

自治体の心身障害者扶養共済制度

心身障害者扶養共済制度とは、条例の規定により、地方公共団体が精神または身体に障害のある人に関して実施する共済制度です。その加入者が扶養する人を加入者として、その加入者が地方公共団体に掛け金を納付し、その地方公共団体が心身障害者の扶養のための給付金を定期的に支給するしくみになっています。

この給付金の額が心身障害者の生活のために通常必要とされる金額を超えないことなど一定の要件を満たしていると、贈与税・相続税ともに非課税となります。

この制度の活用による相続税対策の効果は、次に説明する特別障害者への６０００万円の信託受益の贈与と比べると小さいかもしれませんが、心身障害者がいる場合には、必ず共済に加入して節税にも役立てるべきです。

なお、障害者には、この特典のほか、相続税の計算に際して障害者控除を受けることができます。障害者控除額は、障害者が85歳に達するまでの年数（1年未満の端数は1年とする）に、一般障害者の場合は10万円、特別障害者の場合は20万円を掛けた金額となります。この金額を納付すべ

心身障害者扶養共済制度とは?

●毎月の掛け金が将来、非課税の給付金に

心身障害者共済制度のしくみ

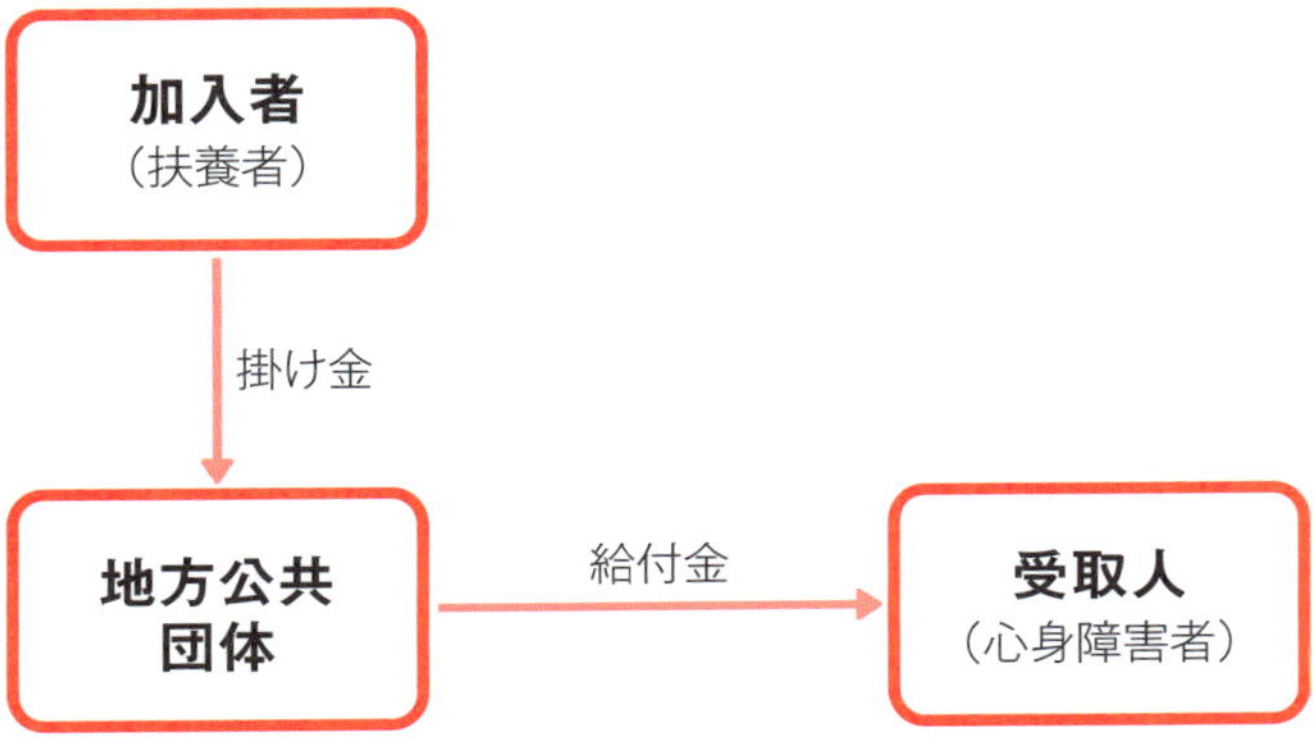

給付金の受給権が非課税になる要件

①給付金の支給の目的は、心身障害者の扶養だけにあること
②給付金の額は、心身障害者の生活のために通常必要とされる金額を超えないこと
③給付金の支給の開始は、加入者の死亡、重度の障害等特別の事故を原因とすること
④給付金の受取人は、心身障害者または心身障害者を扶養する者であること

Point

給付金は贈与税・相続税ともに非課税。親族に心身障害者がいる場合は、加入して節税に役立てよう

き相続税額から差し引くことができます。

信託銀行との特別障害者扶養信託契約

子どもを信託収益の受益者として親が信託契約を結ぶことがあります。財産を信託したのが親で、この利益を受けるのが子どもですから、実質的には親から子への贈与と同じことです。つまり、親から子への贈与税が課税されるのが原則です。

しかし、特別障害者に対して信託受益権を贈与した場合に、それが特別障害者扶養信託契約に該当すれば、その価額のうち6000万円までの金額が非課税、つまり贈与税がかからずに済む制度があります。

特別障害者とは、精神または身体に重度の障害があり、児童相談所等から重度の精神薄弱者とされた人や、身体障害者手帳に身体上の障害の程度が1級または2級と記載されている人、いつも病床にいて複雑な介護を受けなければならない人、などです。

また、特別障害者扶養信託契約とは、金銭や有価証券、不動産など、左ページの6種類の財産を信託財産として、その契約内容が一定の要件を満たしている場合に結ぶことができます。両親など扶養者が亡くなった場合でも、特別障害者本人に生活費や養育費が信託財産から定期的に交付されます。

子や孫、その他の親族に特別障害者がいる場合には、ぜひ活用したい制度です。この制度の詳しい内容については、信託銀行に相談してみるといいでしょう。

なお、この信託受益権の贈与の非課税の適用を受けるためには、「障害者非課税信託申告書」を所轄の税務署に提出する必要があります。

特別障害者扶養信託契約の要件

● 障害者非課税信託申告書の提出が必要

信託財産の種類

①金銭
②有価証券
③金銭債権
④立木および立木の生立する土地
⑤継続的に対価を得て他人に使用させる不動産
⑥受益者である特別障害者が居住の用に供する不動産で①～⑤までのいずれかの財産とともに信託されるもの

信託契約の内容

①特別障害者が信託の利益の全部の受益者となっていること
②受託者は信託会社および信託業務を営む金融機関であること
③信託は特別障害者の死亡後6カ月を経過する日に終了すること
④信託契約の取消し、または解除ができないこととされており、かつ、信託期間や受益者の変更ができないこと
⑤信託の収益の支払は、特別障害者の生活費や療養費に充てられるように定期に、かつ、その実際の必要に応じて適切に行われていること
⑥信託財産の運用は、安定した収益の確保を目的として適正に行うこと
⑦信託受益権は、譲渡または担保に供することができない旨の定めがあること

Point

上記の要件を満たしている信託受益権は、6000万円まで非課税になる

この章で紹介した 14 のアイデア

21 □ 相続財産を減らそう

22 □ 2500 万円まで無税で贈与できる

23 □ 住宅購入資金を子や孫に贈与しよう

24 □ 妻へは住宅を贈与しよう

25 □ 毎年 110 万円を贈与しよう

26 □ 生前贈与で注意することは？

27 □ 孫へ財産を贈与しよう

28 □ 教育資金 1500 万円を孫に贈与しよう

29 □ 結婚・子育て資金 1000 万円を贈与しよう

30 □ ジュニア NISA で子や孫に贈与しよう

31 □ 相続間近なら税金を払ってでも贈与しよう

32 □ 同族会社を通して財産を贈与しよう

33 □ 現金より不動産、ゴルフ会員権で贈与しよう

34 □ 障害者の扶養者は非課税制度を利用しよう

第4章

財産評価のしくみから考える節税アイデア

アイデア

35

財産評価のしくみから節税を考えよう

財産評価のしくみの中に節税のヒントがあるので、よく理解しておこう。ここでは土地と建物の評価方法に触れておく。

財産評価基本通達によって評価する

相続税を計算しようとする場合、その前に、まず財産がいくらになるのかを算定しないと計算のしようがありません。この算定のことを財産の評価といいます。

相続や贈与によって取得した財産は、取得時の時価で評価します。けれども、相続や贈与では売買を通じて財産を取得したわけではないため、その時価の算定が容易ではありません。

たとえば、同じ土地を売却するにしても、売り急いでいる場合は、買い手がすぐつくように売値を下げますし、逆にその土地を欲しい人が何人もいるようなら売値を上げるはずです。このように、売主の都合やその時々の状況によって、現実には時価はケース・バイ・ケースとなります。

そこで国税庁では、一律に財産を評価できるように、一部の財産に一定の評価基準を設けています。この基準が「財産評価基本通達」です。つまり相続や贈与によって取得した財産は、この財産評価基本通達によって評価し、その評価額のことを「相続税評価額」といいます。

財産評価額は相続税や贈与税の税額計算の基礎になるものです。さらに重要なのは、この財産評価のしくみを利用することによって、節税ができる点です。

その具体的な方法については、後々説明していきますが、左記に土地と建物の評価の基本についてまとめていますので、しっかりと頭に入れておきましょう。

相続・贈与時の土地と建物の評価方法

●財産評価基本通達に基づく評価基準

① 土地の評価

土地の評価方法には路線価方式と倍率方式の2つがある

路線価方式

おもに市街地にある土地を評価するときに用いる方式。それぞれの道路に価格(路線価)をつけ、その道路に面している土地はすべてその価格を基に評価する。奥行が通常よりも長かったり短かったりする土地、角地にある土地、道路に挟まれている土地、間口の狭い土地、不整形地などは、路線価を基に評価額の修正を行う

倍率方式

市街地以外の地域にある土地を評価するときに用いる方式。固定資産税の評価額に、地域ごとに定められた一定の倍率を掛けて評価額を求める

路線価や倍率は国税庁のホームページで調べることができる。評価しようとする土地が、路線価方式と倍率方式のどちらによるものかわからないときは、税務署に問い合わせれば教えてもらうことができる。なお、通常は土地の相続税評価額は、実勢価格・公示価格よりも低く、固定資産税評価額よりも高くなる

② 建物の評価

建物の相続税評価額は固定資産税評価額と同額。
固定資産税評価額は、固定資産税の納付書に記されている。また、市区町村の担当窓口で証明書を発行してもらうこともできる

Point

土地の相続税評価額は通常、実勢価格よりも低いので、これを利用するのが相続税対策のポイントの一つになる

アイデア

36

小規模宅地等の特例を利用しよう

特定居住用宅地に該当すれば、宅地面積の330㎡まで、相続税評価額を80％減額できる。上手に活用しよう。

小規模宅地等の特例①「居住用宅地」の場合

相続や遺贈によって、被相続人が住んでいた、あるいは被相続人と生計を一にしていた親族が住んでいた居住用宅地を取得した場合、330㎡を限度に、その宅地の通常の評価額から80％減額することができます。これを小規模宅地等の特例といいます。宅地等には土地のほか、借地権など土地の上に存する権利も含まれます。

相続によって取得した宅地等が相続人の居住用に使われていた場合、これらの宅地等は生活をしていくための基盤そのものであって、相続人が生活を続けていくために不可欠のものです。そのため相続税法では、居住が継続できるように配慮して、小規模な宅地等の部分については、税負担の軽減が図られているのです。

特例の対象となる居住用宅地とは？

この特例の対象になる居住用宅地とは、前記のとおり、被相続人または生計を一にする親族が居住していて、被相続人またはその親族が所有する建物の敷地とされていた宅地です。具体的には、建物所有者の区分に応じて、左ページのような場合に該当します。

特例の対象になる居住用宅地とは?

●宅地(敷地)はすべて被相続人が所有していること

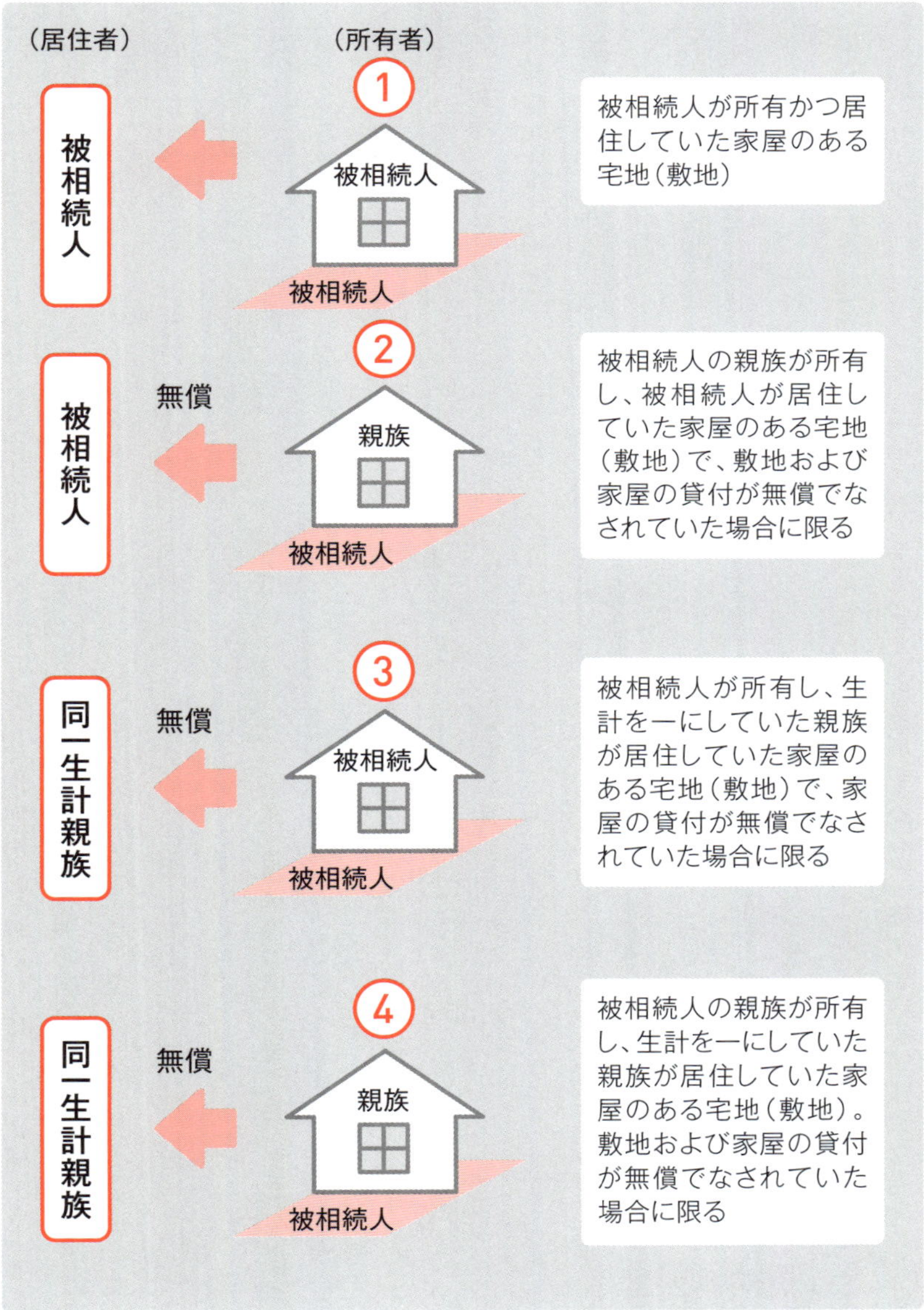

これら居住用宅地のうち、330㎡まで通常の評価額から80%減額されるものを特定居住用宅地といいます。

特定居住用宅地となるのは、「①被相続人が居住していた宅地」または「②生計を一にする親族が居住していた宅地」であり、それぞれ以下の相続人が、その居住用宅地を取得した場合です。

①被相続人が居住していた宅地

㋐配偶者が取得（その住宅への居住や住宅保有の継続は条件とされません）。

㋑同居親族が取得（相続税の申告期限までそこに居住し、その宅地を保有している必要がありますす。なお、二世帯住宅や賃貸併用住宅でも同居とみなすことができます）。

㋒非同居親族が取得（被相続人に配偶者や同居親族がいないときに、いわゆる家なき子が取得した場合です。この家なき子は次の条件を満たす必要があります）。

・相続開始前3年以内に本人、配偶者、3親等内の親族または特別の関係がある法人が所有する家屋に住んだことがないこと

・本人の居住用家屋を相続開始前のいずれのときにおいても所有したことがないこと

・その宅地を相続税の申告期限まで保有していること

②生計を一にする親族が居住していた宅地

㋐配偶者が取得（その住宅への居住や住宅保有の継続は条件とされません）。

㋑その宅地に居住していた生計を一にする親族が取得（たとえば、老人ホームにいる親を扶養している子などが取得した場合です。相続税の申告期限までその宅地に居住し、その宅地を保有している必要があります）。

なお、被相続人が老人ホーム等に入居していた場合であっても、「要介護認定または要支援認定を受けている」「被相続人が居住しなくなった家

屋が事業に使われていたり、被相続人等以外の者が住んだりしていない」などを条件に、被相続人の居住用の宅地として、小規模宅地等の特例を受けることができます。次項も参考にしてください。

特例が適用されると?

●居住用宅地の相続税評価額が80%減に!

設例

● 相続人は子が3人。相続財産は自宅の土地1億3600万円(340×@40万円)、建物1000万円、その他の財産1400万円の合計1億6000万円。債務が640万円ある

① 80%減額される特定居住用地に該当する場合

(1) 相続財産の価額

①宅地の価額　$1億3600万円-1億3600万円\times\frac{330m^2}{340m^2}\times80\%$
=3040万円

②合計額　3040万円+1000万円+1400万円−640万円
=4800万円

(2) 基礎控除額　3000万円+600万円×3=4800万円

(3) 課税遺産総額　4800万円−4800万円=0
したがって相続税はかからない

② 小規模宅地等の特例が適用されない場合

(1) 相続財産の価額　1億3600万円+1000万円+1400万円−640万円
=1億5360万円

(2) 基礎控除額　4800万円

(3) 課税遺産総額　1億5360万円−4800万円=1億560万円

(4) 相続税の総額
①法定相続財産の計算
相続人3人とも1億560万円÷3=3520万円
②税額の計算
3520万円×20%−200万円=504万円(3人とも)
③総額の計算
504万円×3=1512万円

Point

この設例では、特例が適用できれば相続税はゼロになるが、適用できないと1512万円の相続税がかかってしまう

アイデア

37

居住用宅地は配偶者が取得しよう

すべての居住用宅地が80％減額できるわけではないので、対策と工夫が必要になる。どんな対策があるか知っておこう。

特定居住用宅地とするための対策とは？

居住用宅地の評価額が３３０㎡まで評価額を80％減額されるのと、減額されないのとでは、相続税額に大きな違いが生まれます。

そのため、確実に宅地の評価額が80％減額される特定居住用宅地（１０２ページ）となるようにするため、次のような対策を考えておく必要があります。

①宅地を取得する人を工夫する

配偶者が居住用宅地を取得すれば、３３０㎡まで確実に80％減額することができます。したがって、原則として、配偶者が居住用宅地を取得するようにします。

配偶者がいない場合や、配偶者がいても居住用宅地を取得するのが好ましくないような場合には、次のようにします。

㋐同居親族がいる場合には、その同居親族が居住用宅地を取得するようにします。もし現在、その宅地を取得する予定の親族が別居している場合には、可能であれば同居するようにし、相続税の申告期限まで居住し続けるようにします。

㋑配偶者や同居親族がいない場合には、別居の親族が居住用宅地を取得することを予定しているように、その親族と配偶者は自分の家を持たないようにします。

②土地や家屋の貸し借りは無償で行う

敷地の所有者と家屋の所有者が異なったり、家屋の所有者とその居住者が異なったりする場合には、土地や家屋の貸し借りは、無償または固定資産税程度の賃料で行うようにします。

現在、賃料が支払われているなら、直ちに無償に切り替えてください。土地や家屋の貸し借りについて、相当の対価の支払いがある場合には、貸付用宅地(114ページ)となり、50%減額となってしまいます。

③遺産分割を成立させる

小規模宅地等の特例を受けるためには、相続税の申告期限までに遺産分割が成立している必要があります。

遺産未分割の状態では、80%の減額は適用されません。居住用宅地を取得する人によって、特定居住用宅地になることもあれば、その他の居住用宅地になることもあるからです。

相続争いをしていると相続税も高くつくので、第5章で説明しているような相続争いの防止対策も必要になるのです。

なお、相続税の申告期限までに分割されなかった宅地でも、申告期限から3年以内に分割された場合には、さかのぼって適用を受けることができます。

また、3年以内に分割されなかった場合でも、相続に関しての訴えが提起されたなど、やむを得ない事情があるときは、税務署長の承認を受けて、その判決等が確定した日から4カ月以内に分割すれば、特例の適用を受けることができます。

アイデア

38

事業用宅地は４００㎡まで80％減額できる

不動産貸付業、駐車場業、自転車駐車場業などは、ここでいう事業には含まれず、小規模宅地等の特例の対象にならないので注意すること。

小規模宅地等の特例②「事業用宅地」の場合

相続によって取得した宅地が事業用に使われていた場合、これらの宅地は事業を続けて生活をしていくための基盤そのもので、相続人が事業を続けていくために不可欠なものです。そのため相続税法では、事業が継続できるように配慮して、小規模な宅地等の部分については、居住用宅地と同様に税負担の軽減が図られています。

事業（不動産貸付業等を除く）に使用されていた宅地は、「４００㎡まで80％減額される特定事業宅地」と「２００㎡まで50％減額されるその他の事業用宅地」に分けられます。80％減額される特定事業用宅地とは、次の①または②に該当する宅地で、それぞれ要件があります。

①被相続人の事業に使用されていた宅地

相続開始の直前において、被相続人の事業に使用されていた宅地で、その宅地を取得した人が、㋐相続人の事業を相続税の申告期限までに承継していること、㋑その事業を相続税の申告期限まで営んでいること、㋒その宅地を相続税の申告期限まで保有していること。以上の要件を満たしている必要があります。

②被相続人と生計を一にする親族の事業に使用さ

れていた宅地

相続開始の直前において、被相続人と生計を一にする親族の事業に使用されていた宅地で、その事業を営んでいた親族がその宅地を取得し、㋐相続開始の直前から相続税の申告期限までその宅地の上で事業を営んでいること、㋑宅地を相続税の申告期限まで保有していること。以上の要件を満たしている必要があります。

事業用宅地の減額割合の判定

● 特例が適用されれば、相続財産が80%減

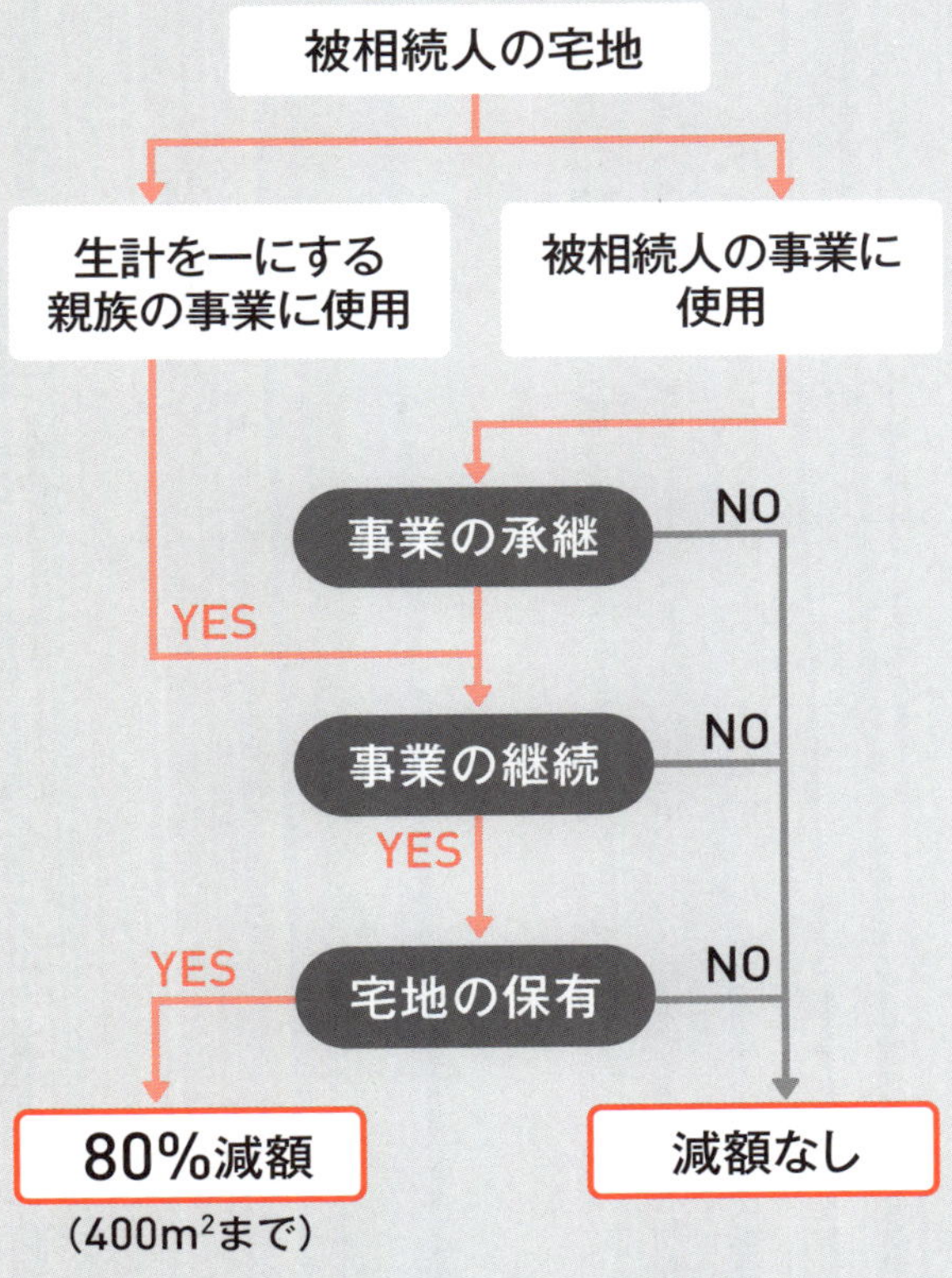

Point

事業用宅地でも、①事業が承継されない場合、②事業を引き継ぐ親族がその宅地を取得しない場合、③申告期限まで事業が継続されない場合、④申告期限まで宅地が保有されない場合、については減額されない

アイデア

39

事業用宅地は事業承継者が取得しよう

小規模宅地等の特例の中でも、事業用宅地は最も特典が大きいので、必ず適用できるように対策を考えておこう。

特定事業用宅地とするための対策とは？

同じ事業用宅地でも、特定事業用宅地として400㎡まで80％減額されるのと、その他の事業用宅地として200㎡まで50％しか減額できないのとでは相続税額に大きな違いがあります。事業に使われていた土地が特定事業用宅地と認められるためには、次のような対策や工夫が必要です。

①事業承継者が宅地を取得する

被相続人の事業を引き継ぐ人がその宅地を取得しないと特定事業用宅地には該当しません。事業承継者が必ずその宅地を取得してください。

②申告期限までは事業を継続する

事業の継続は相続税の申告期限までが条件です。申告期限が過ぎてしまえば、事業を廃業してもかまいません。申告期限までに必ず事業を承継し、申告期限まで事業を継続するようにしてください。

③職業の兼業を利用する

事業の承継者は、会社員などほかに職業のある人でもかまいません。ほかに仕事に就いていても、経営者として意思決定を行い、従業員等を雇うことで事業を営むことができます。この場合には、事業主として所得税の申告をする必要があります。

④申告期限までは宅地を保有

特定事業用宅地とするための工夫は？

● 下記のほかに遺産分割を成立させること

| 1 | 事業承継者が宅地を取得する
| 2 | 申告期限までは事業を継続する
| 3 | 職業の兼業を利用する
| 4 | 申告期限まで宅地を保有する

宅地の保有も相続税の申告期限までが条件です。申告期限が過ぎれば、宅地を売却してもかまいません。宅地を売却する場合は、必ず申告期限が過ぎてからにしてください。

⑤遺産分割を成立させる

小規模宅地等の特例を受けるためには、相続税の申告期限までに遺産分割が成立している必要があります。遺産未分割の状態では、80％はもちろん、50％の減額もできません。

なお、相続開始前3年以内に新たに事業に利用された土地については、駆け込み適用を防ぐ目的から、原則としてこの特例の適用は受けられません。ただし、その宅地で事業に利用している減価償却資産の価額がその宅地等の相続時の15％以上である場合は事業用宅地特例の対象になります。

また、①の宅地について共同相続があった場合には、取得した人ごとに小規模宅地特例が適用できるかどうかを判定することになります。

アイデア

40

同族会社の事業使用の宅地は80％減額できる

特定同族会社事業用宅地についても４００㎡まで80％減額できる。その意味と要件を知っておこう。

小規模宅地等の特例③

「同族会社の事業使用の宅地」の場合

小規模宅地等の特例は、被相続人である個人が使用していた事業用宅地だけでなく、被相続人が経営していた同族会社の事業に使用されていた宅地についても適用されます。

ここでいう同族会社とは、被相続人または被相続人と生計を一にする親族が株式・出資の50％以上を保有している法人をいいます。同族会社の事業に使用されていた宅地には、その宅地の賃借形態の区分により、左図のように3つのパターンがあります。

ここで大切なことは、①の同族会社への宅地の貸付、②③の建物の貸付が賃貸借契約でなければならないことです。もし、その貸付が使用貸借契約である場合には、小規模宅地には該当しません。

同族会社の事業に使用されていた（同族会社に貸し付けられていた）宅地は、４００㎡まで80％減額される特定同族会社事業用宅地と、２００㎡まで50％減額されるその他の事業用宅地に分けられます。特定同族会社事業用宅地となるためには、次の要件を満たしている必要があります。

①その同族会社の株式または出資の50％超を、相

続の開始直前において被相続人または被相続人の親族が保有していること

②その宅地を取得した親族が相続税の申告期限においてその同族会社の役員であること

③その宅地を取得した親族がその宅地を相続税の申告期限まで保有していること

特定同族会社事業用宅地とは?

●特例が適用されれば、評価額が80%減

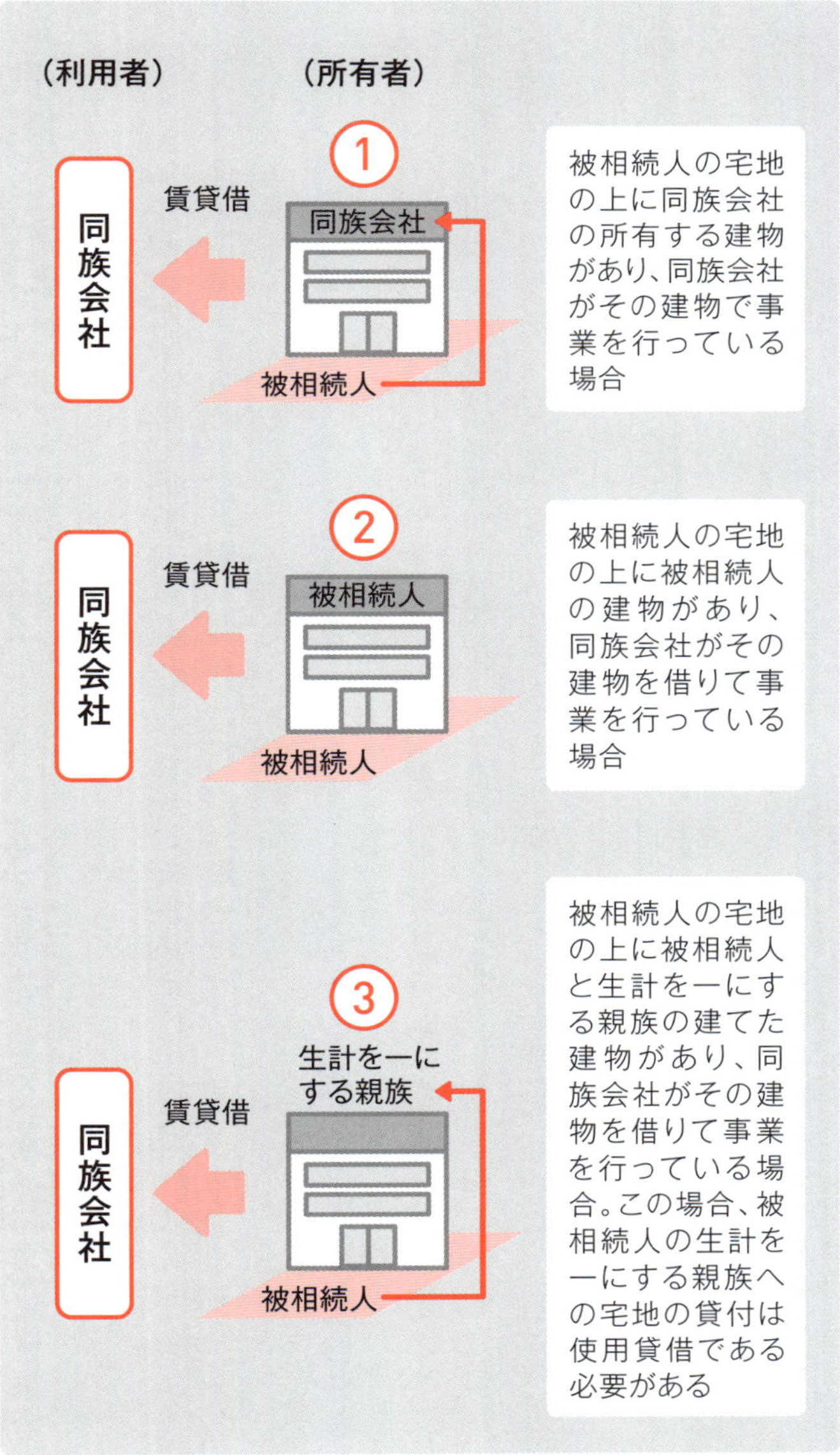

アイデア 41

同族会社への土地等の貸付は賃貸借契約にする

80％減額になるよう、同族会社との土地建物の契約内容を見直す、宅地の取得者は会社の役員間に限るといった対策を行おう。

特定同族会社事業用宅地とするための対策

同族会社が使用している事業用宅地の評価額が80％減額されるのか、されないのかでは、大きな違いがあります。

同族会社が建物を不動産貸付業に利用している場合には減額率50％が上限ですが、それ以外の場合に、確実に80％減額になるようにするには、次のような対策や工夫を実施しておく必要があります。

①土地の貸付は賃貸借契約にする

同族会社に事業用の宅地を貸し付けている場合は、近隣相場の地代が支払われる賃貸借契約にしておく必要があります。土地が使用貸借契約（無償で貸し付ける契約）の場合、減額割合はゼロになってしまいます。

現在、土地が使用貸借契約になっているのであれば、今からでも同族会社と賃貸借契約を結び、近隣相場の地代が支払われるようにしてください。

なお、賃貸借契約になると、同族会社に借地権が生じ、借地権の贈与があったものとして認定課税されてしまいます。そこで、借地権の認定課税を避けるためには、相当の地代を支払うか、税務署に「土地の無償返還に関する届出書」を提出し、土地の使用後は無償で返還する約束になっていることを意思表示しておく必要があります。

②建物の貸付は賃貸借契約にする

同族会社に建物を貸し付けている場合も、小規模宅地等の特例の適用を受けるには、賃貸借契約にしておく必要があります。使用貸借契約による貸付では減額割合はゼロです。

現在、建物が使用貸借契約により貸し付けられている場合は、今からでも同族会社と賃貸借契約を結び、家賃が支払われるようにしてください。

③生計を一にする親族の建物が貸し付けられている場合、土地は使用貸借契約、建物は賃貸借契約にする

同族会社に生計を一にする親族の建物が貸し付けられている場合も、賃貸借契約でなければ特例は受けられません。この場合、宅地は建物の所有者に無償で貸し付けられていなければなりません。

土地は使用貸借契約、建物は賃貸借契約、この要件が満たされるようにしてください。

④宅地を取得する人は役員になる

特定同族会社事業用宅地となるためには、その宅地を相続によって取得する人は、その同族会社の役員でなければなりません。

相続時に役員でない人は、相続税の申告期限までに役員に就任するようにしてください。

⑤宅地は申告期限まで保有する

相続によって取得した宅地は、必ず申告期限まで保有するようにしてください。申告期限まで宅地が保有されない場合には、小規模宅地等の特例を受けることができません。

したがって、その宅地を売却する場合は、申告期限が過ぎてからにしてください。

⑥遺産分割を成立させる

申告期限までに遺産分割が確定していなければ、小規模宅地等の特例が適用されないのは、居住用宅地（100ページ）や個人の事業用宅地（106ページ）の場合と同様です。

アイデア

42

貸付用宅地は200㎡まで50％減額できる

ほかの特例と比べると、減額される面積や割合は少ないが、活用のしかた次第では、節税対策に使うことができる。

小規模宅地等の特例④「貸付用宅地」の場合

貸付用宅地とは、アパート・マンション経営や貸ビル経営などの不動産貸付業、駐車場業、自転車駐車場業といった不動産貸付業等に利用されている宅地のことです。また、準事業（事業と称するに至らない不動産の貸付などで、相当の対価を得て継続的に行うもの）もこれに含まれます。こうした貸付用宅地は200㎡までの評価額が50％減額されます。

不動産貸付業等に利用されている宅地は、たとえ事業的規模で不動産の貸付が行われていても、特定事業用宅地として80％減額されることはありません。また、マンションの一室を貸し付けている場合のように、小規模な貸付であっても50％減額となります。

駐車場業や自転車駐車場業に利用される宅地については、アスファルト舗装して施設の管理者を置き、時間決めで不特定多数の客から料金を徴収する形態であっても、特定事業用宅地として80％減額されることはありません。時間貸しのパーキングビルを建ててあっても同様です。

駐車場業や自転車駐車場業については、所得税法上、管理人を置いて自己の責任において他人のモノを保管する場合は、事業所得として申告することになりますが、相続税ではこれと関係なく、また設備の状況や営業形態がどうであれ、特定事業用宅地に該当することはありません。

ホテル、旅館、下宿など、部屋を使用させるとともに食事を提供する事業については、不動産貸付業等には該当しません。これらの事業は特定事業用宅地として80％減額の対象になります。

なお、相続開始前3年以内に新たに貸付事業に利用された土地については、駆け込み適用を防ぐ目的から、原則としてこの特例の適用を受けることはできません。

貸付用宅地を活かす対策

この特例を適用するためには、次のような対策や工夫が必要です。

①駐車場は舗装する

月極駐車場についても、不動産貸付業等に含まれます。ただし、小規模宅地等の特例が適用される貸付用宅地は、建物か構築物の敷地に限られています。駐車場なら少なくともアスファルトで舗装されていたり、フェンスが設置されていたりする必要があります。

建物または構築物などの施設のない、いわゆる青空駐車場については、規模や営業形態を問わず、特例の対象にはなりません。ですから、構築物といえるものが何もない駐車場については、アスファルト舗装やフェンスを設置してください。

②マンションに注目する

マンションの一室についても、貸し付けているのであれば、小規模宅地等の特例が適用されます。50％評価減でも、都心に持っているマンションの敷地はかなり高額なので、優先して特例の適用を受けたほうがよいでしょう。ワンルームマンションのような賃貸用物件がある場合には、必ず特例の適用を検討してみてください。

アイデア 43

2種類以上の土地に小規模宅地等の特例を適用しよう

それぞれの土地について小規模宅地等の特例の減額を計算してみて、最も有利な宅地または最も有利な組み合わせを選択しよう。

3種類の土地にも面積調整して適用

特定居住用、特定事業用、貸付用の各宅地のうち、2つ以上の宅地を所有する場合、どの宅地に小規模宅地等の特例を適用すると有利でしょうか。

①貸付用宅地がない場合

特定居住用宅地と特定事業用宅地だけの場合は、「居住用宅地330㎡＋事業用宅地400㎡＝最大730㎡」まで小規模宅地等の特例を受けられます。居住用宅地と事業用宅地については、小規模宅地等の特例の完全併用が認められています。貸付用宅地があっても、これに小規模宅地の特例を適用しない場合は同様です。

②貸付用宅地がある場合

まず、貸付用宅地のみに200㎡の限度額まで特例を適用すると、居住用宅地と事業用宅地については特例を適用できません。貸付用宅地について限度面積まで特例を使い切っていない場合は、その分の特例をほかの土地で受けられます。

たとえば、貸付用地が140㎡しかなく、この140㎡に小規模宅地等の特例を受けると、60㎡分を使い切れません。この場合、ほかに所有する土地が特定事業用宅地または貸付用宅地などであれば、使い切っていない面積分について、小規模宅地等の特例を適用できます。ただし、その面積は使い切っていない60㎡ではなく、調整した面積となります。特定事業宅地であれば、120㎡（＝400㎡－140㎡×2）、特定居住用宅地であれば、99㎡（＝330㎡－140㎡×330÷200）となります。面積の調整は、3つの限度面積が異なるために行うもので、その調整方法と合計面積の限度額は図表のとおりです。

小規模宅地等の特例の面積調整方法

●納税額が最も少なくなるように選択する

小規模宅地の種類	記号	減額割合	限度面積
特定居住用宅地 （住宅で使っている土地）	A	80%	330㎡
特定事業用宅地 特定同族会社事業用宅地 国営事業用宅地 （事業で使っている土地）	B	80%	400㎡
貸付用宅地 （人に貸している土地）	C	50%	200㎡

$$A \times \frac{200}{330} + B \times \frac{200}{400} + C \leqq 200m^2$$ ※

※
A ＝ 特定居住用宅地の面積　A ≦ 330㎡
B ＝ 特定事業用宅地などの面積　B ≦ 400㎡
C ＝ 貸付用宅地の面積　C ≦ 200㎡

Point

3種類の土地について小規模宅地等の特例を受ける場合、上の計算式に基づいて調整計算した面積が限度となる

アイデア

44

貸家にして家屋の評価額を3割下げよう

貸家は借家権の評価額として30％分を差し引いて評価する。アパートやマンションを新築して賃貸すれば有効な対策になる。

家屋および貸家の評価のしくみは？

セカンドハウスなどとして使っている家がある場合、これを人に貸すことによって相続税評価額を引き下げることができます。

家屋を自分で使っている場合の相続税評価額は、その家屋の固定資産税評価額と同額です。固定資産税評価額は、固定資産税の納付書を見ればわかります。

これに対し、人に貸している家屋（これを貸家といいます）の相続税評価額は、その家屋を自分で使っているとした場合の評価額から、その家屋の借家権の価額を控除した金額です。借家権の価額は、自用家屋としての価額に、国税局長の定める借家権割合を掛けた金額です。東京国税局管内ほかほとんどの地域で、借家権割合は30％と定められています。

つまり、自分で使っている家屋を貸家にすることによって、評価額を3割引き下げることができるというわけです。

アパートやマンションを新築して賃貸住宅経営を始めると、さらに評価額が下がります。

建物を新築したときの評価額は時価の70％程度です。現金が新築建物に姿を変えることによって

アパートを新築すると節税できる

●アパート等の新築で3割、貸家で3割評価減

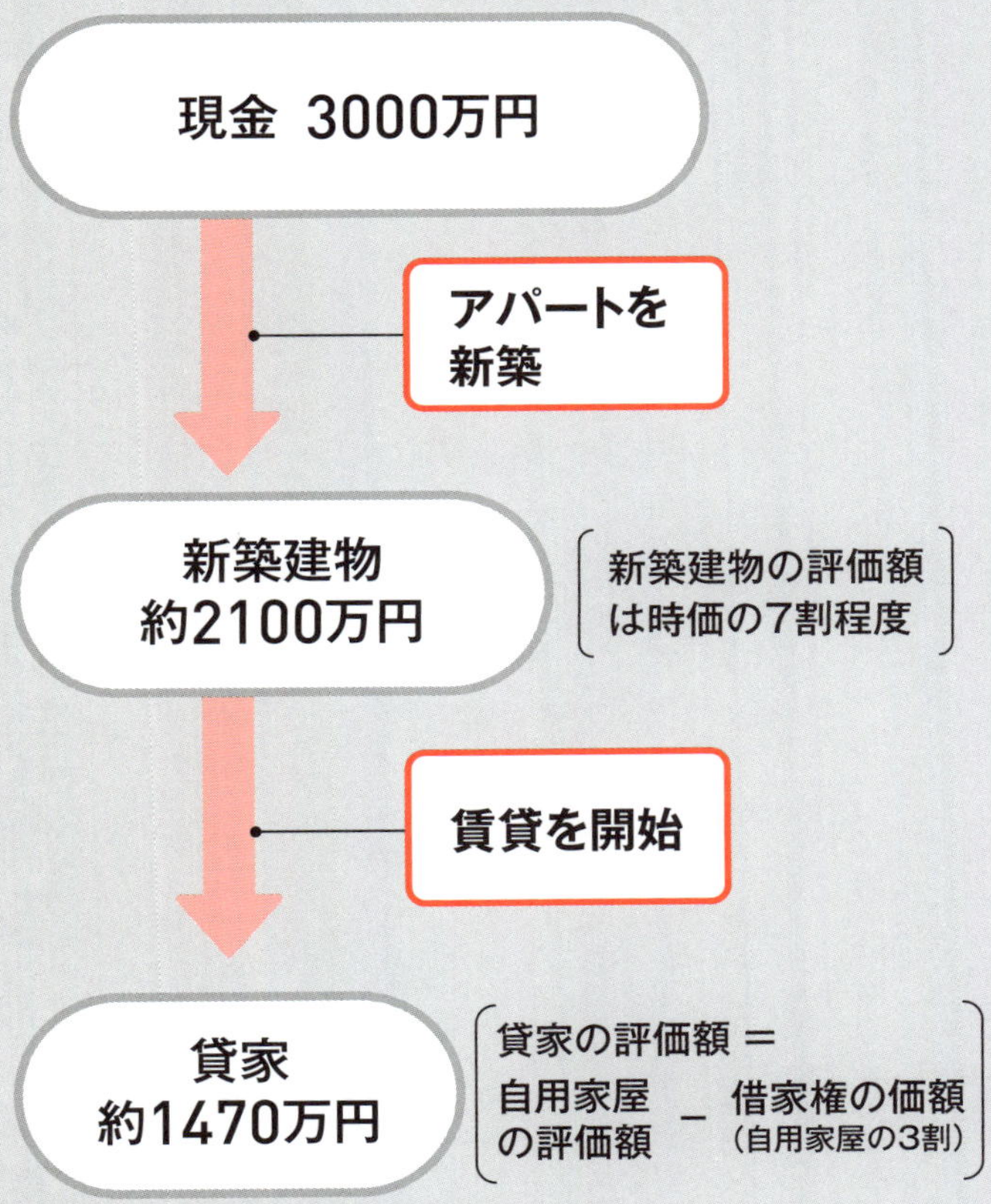

Point

現金3000万円を使ってアパートを新築して賃貸するとその評価額は約1470万円となり、半分以下に下がる

評価額がおよそ3割程度下がります。そして、これを人に貸すことによって貸家となり、さらに3

割評価額が下がるというわけです。非常に高い節税効果を得られるのです。

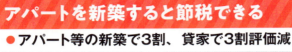

アイデア

45

貸家にして敷地の評価額を2割下げよう

貸家建付地は自用地や更地よりも、18％か21％程度低く評価される。このしくみを利用して土地の評価額を引き下げよう。

貸家建付地の評価を利用する

アパート、マンション、一戸建にかかわらず、貸家にすることによって評価額が下がるのは、家屋だけではありません。敷地として利用されている土地も評価額が下がります。

自分の土地の上に建てた家屋を他人に貸し付けている場合、その土地のことを貸家建付地といいます。アパートやマンションなどの敷地は、貸家建付地となります。

貸家建付地の評価額は、更地の評価額から、更地の価額に借地権割合と借家権割合を掛けた額を差し引いた金額です。一般的には更地とは建物などが建っていない土地のことですが、建物が建っていても、自用地は更地として評価します。

借地権割合は地域により異なりますが、だいたい60％か70％です。仮に借地権割合が60％とすれば、それに借家権割合30％を掛けると18％になります。借地権割合が70％であれば、借家権割合30％を掛けて21％になります。

つまり、自分で使っていた家屋を人に貸し付けたり、更地にアパートなどを建てたりした場合、その敷地として利用されている土地の評価額は2割程度（18％または21％）下がるというわけです。

さらに貸家であれば、小規模宅地等の特例の適用も受けることができます。アパート・マンションなどの敷地であれば、貸付用宅地として200㎡を限度に、50%の評価減を受けることができます。加えて後者の場合には、貸家建付地として評価した後の価額について、小規模宅地等の特例を受けることになります。

貸家建付地の活用法

●貸家にすると土地についても約2割評価減

貸家建付地の評価額

＝ 更地の価額 －［ 更地の価額 × 借地権割合 × 借家権割合 ］

1 自家用の場合

土地　5000万円

自用地
（更地として評価）

2 建物を賃貸した場合

土地　3950万円

貸家建付地
・借地割合70%
・借家割合30%

5000万円 －［ 5000万円 × 70% × 30% ］＝ 3950万円

Point

土地の上にある建物を貸し付けると、土地の評価額が2割程度下がる

アイデア

46

個人事業者は法人成りしよう

自分で経営する会社に建物を貸し付けた場合でも、その建物と土地の評価額は下がる。個人事業者は法人成りしよう。

相続税と所得税の節税ができる

自分で使っていた家屋を人に貸し付けると、その家屋は3割も評価額が下がること（118ページ）、その敷地についても貸家建付地として2割程度下がること（120ページ）はすでに説明しました。この貸家の評価減と貸家建付地の評価は、他人に建物を貸した場合だけでなく、自分で経営している会社に建物を貸し付けたときでも認められます。

そこで、個人で事業を営んでいる場合には、法人成りして、その法人成りした会社に建物を貸すことによって、その建物および敷地として利用している土地の相続税評価額を引き下げることができるのです。この方法を使えば、アパートを建てる場合のようなお金や手間をかけることもなく、またリスクも負わずに、即座に評価額を引き下げることができます。

もっとも、この方法は土地建物を所有していて、そこで個人事業を営んでいる場合にしか実行できませんが、法人成りによって所得税の節税と相続税の節税を同時に行うことができます。

この対策の具体例を図表にまとめてみました。

この対策例からわかるように、個人事業を法人成りするだけで、簡単に相続税評価額を約25%も引き下げることができます。
一方、借家権は相続税法上、原則として財産として評価されることはありませんので、貸家となって評価減された金額が、法人成りした会社の株式の評価額に移転することはありません。

法人成りすると評価額が引き下げられる

●個人事業者は検討してみよう

設例

土地、建物を個人で所有し、商店を経営

	相続税評価額
建物	3000万円
土地	7000万円※1
合計	1億円

※1 この土地は、小規模宅地の評価減の適用は受けない

具体的な対策は？

①個人商店を法人成りする
②土地・建物を法人成りした会社に貸す

対策後の評価額は？

	相続税評価額
建物	2100万円※2
土地	5530万円※3
合計	7630万円

※2 3000万円×（1−0.3）＝2100万円
（貸家の評価減後の金額）
※3 借地権割合を70%とする。7000万円×（1−0.7×0.3）＝5530万円
（貸家建付地の評価減後の金額）

Point

個人事業者が法人成りして、その法人に土地・建物を貸し付けることで、土地・建物の評価額を2割以上引き下げられる

アイデア

47

借入金で不動産を取得しよう

不動産の時価と相続税評価額との間に通常2～3割の差がある。この差を利用すれば、不動産を購入して相続税対策ができる。

リスクを考慮して取得すること

不動産の時価と相続税評価額との間には、かなりの差額があるのがふつうです。この時価と評価額との差額を利用して不動産を取得すれば、有効な相続税対策になります。手元に資金があればそれを使ってもかまいませんし、借入金で購入しても効果は同じです。

左ページの設例を見てください。これは極端な例ですが、うまく活用すれば相続税を大幅に節税できることがおわかりになると思います。不動産の取得は、ビルやアパートを一棟買いしても、マンションの一戸を購入しても、所有する土地の上に建物を建てても同じ効果があります。

より効果を上げるためには、次のことを心がけてください。

①相続税評価額が時価よりもできるだけ低い物件を選ぶ

②貸家として、また貸家建付地として評価できる物件を選ぶ

③小規模宅地等の特例が適用される物件にする

なお、相続税対策としては有効でも、借金や不動産購入のリスクを伴うことは忘れないでください。借入金は定期的に返済しなければならず、その金利も大変な額になります。しっかりと資金計画を立ててから借り入れてください。また、不動産は値下がりすることもありますし、テナントがつかないこともあり得ます。売却するときに困らない、また空家とならないような優良な物件を選ぶことが何より大切です。

借入金で賃貸マンションを購入した場合

●不動産の時価と相続税評価額の差で節税

設例

相続財産　2億円

具体的な対策は？

5億円の賃貸マンション（相続税評価額3億5000万円）を全額借入金で購入する

対策後の評価額は？

相続財産　2億円＋3.5億円＝5.5億円

借入金　5億円

課税価格　5000万円

（5.5億円−5億円＝5000万円）

Point

効果は大きいが、借入金のリスクを忘れてはいけない。慎重に検討しよう

アイデア

48

相続が近いときの不動産購入に注意しよう

相続の間際になってから、あわてて不動産を購入すると、買った金額で評価されることがある。

相続間際の不動産購入とその対策

ここまで説明したとおり、不動産を購入すれば相続税対策になるのは明らかです。

まず、不動産の相続税評価額は時価より2、3割低くなります。それを貸し付ければ、その建物と敷地の相続税評価額が下がります。さらに、一定の要件を満たしていれば、小規模宅地特例が適用されて評価額が大幅に下がります。

そのため相続間際になって、あわてて現金預金を不動産に移し替えるといった相続税対策を行う人を時折見かけます。

こういった行き過ぎた節税対策を規制するために、以前は相続開始前3年以内に被相続人が買った不動産は相続税評価額ではなく、実際に買った金額で評価されるという規定がありました。

しかし、現在では、この規定はなくなり、原則として、通常の不動産と同様に、相続税評価額(土地であれば路線価や倍率方式により計算した金額、建物は固定資産税評価額)で評価されることになっています。

しかし、次のようなケースでは、相続税評価額ではなく、購入金額などで評価されてしまう可能性があるので注意が必要です。

①相続人の意思による購入

相続開始直前に、被相続人の資金と名義で取得した不動産（土地建物等）であっても、実際の取得の意思決定や手続きについて、相続人などの関与により行われているとみられるようなケースでは、相続税評価額ではなく、購入金額で評価される可能性があります。

そのため、相続が近づいていると思われるときに不動産を購入する場合は、不動産売買契約書などへの署名を、必ず本人にしてもらうなどの配慮が必要です。

②相続直後の売却

相続開始直後に直ちにその不動産を売却して、単に相続開始の一時点において、形式的に被相続人の所有財産の形態を、評価額の低い不動産に置き換え、その不動産の時価と相続税評価額との差額のみを不当に享受することを目的としていると認められる場合です。

その不動産を相続税の納税のために売却するということであれば、問題になる可能性は低いと思われますが、おかしな疑いをかけられないように、できるだけ相続の直後の売却は避けるようにしましょう。

小規模宅地等の特例の適用に制限

なお、2018年4月1日以降の相続から、被相続人の相続開始前3年以内に貸付事業の用に供された宅地等については、200㎡までの部分について50％の評価減ができる小規模宅地等の特例の適用対象外となりました。

ただし、相続開始前3年を超えて事業的規模で貸付事業を行っている被相続人が、新たに取得した貸付用の土地については、小規模宅地等の評価減の適用対象となります。「事業的規模」の定義は明確ではありませんが、戸建住宅なら5棟以上、集合住宅であれば10室以上の賃貸が目安です。

アイデア

49

赤字会社に借地権を移転しよう

借地権を設定すると、土地は底地価額で評価される。
赤字会社が権利金なしで借地権を設定すれば、簡単に土地の評価額を下げられる。

権利金の認定課税を利用する

ふつう権利金の支払いが行われる地域で、権利金の支払いをしないで借地権の設定があった場合には、権利金相当額の贈与があったものとして取り扱われます。これを「権利金の認定課税」といいます。

たとえば、自用地としての価額1億円の土地に借地権を設定した場合、6000万円の権利金（借地権の対価）を支払うのが通常なのに、権利金を支払わないで借地権を設定したとします。借地権を設定した会社が、通常の地代を支払っているのであれば、6000万円の贈与を受けたものとみなされ、その贈与による受贈益は会社の所得となって法人税がかかることになります。

もし配偶者や子どもが株主となっている赤字会社がある場合には、この会社が権利金を払わずに借地権を設定します。たとえば、累積赤字が8000万円ある会社が、評価額1億円の土地に権利金を払わずに借地権を設定すると、6000万円の権利金の認定課税が発生します。けれども、8000万円の累積赤字があるため、会社には法人税がかかりません。一方、この土地の相続税評価額は底地（借地権や地上権が設定されている土地）の価額の4000万円（＝1億円−6000万円）になるというわけです。

このように赤字会社に土地を貸すと、たちどころに評価額を引き下げることができます。

なお、相当の地代（相続税評価額の6％程度）を支払っている場合には、このような権利金の認定課税はありませんので、通常の地代（底地価額の年6％程度）を支払うようにしてください。

赤字会社に借地権を移転すると?

●会社の累計赤字との相殺で節税する

設例 相続税評価額1億円の更地

1億円

この例では、土地の借地権割合は60%とする

具体的な対策は?

その土地に赤字の同族会社がアパートを建てる

- 同族会社には8000万円の累積赤字があるものとする
- 同族会社は地主に通常の地代を払うものとする

対策後の評価額は?

土地の相続税評価額は底地部分の4000万円になる

借地権6000万円は会社に移転する

底地4000万円

Point

権利金を払わずに借地権を設定すると、権利金の額だけ贈与を受けたとみなされるが、赤字会社であれば法人税を負担せずに、土地の評価額を引き下げることもできる

アイデア 50

土地を分割して評価額を引き下げよう

路線価の異なる2つの道路に面した宅地は、分割して利用の単位を変えることによって、評価額を引き下げることができる。

土地は利用の単位ごとに評価する

宅地の価額は1画地の宅地ごとに評価します。1画地の宅地になるかどうかは、その土地の利用の単位によって決まってきます。土地の全部を同じ目的で自分で使っていれば、それは1画地となります。同じ土地の一部を自分で使い、ほかの部分の土地に建物を建てて他人に貸していれば、自用地部分の1画地と貸付地部分の1画地の2画地になります。

そこで1画地の土地を2画地に分けることによって、評価額を引き下げることができます。これを設例で考えてみます。

左ページの図のように、2つの道路に面している330㎡の土地（自用地）を165㎡ずつ、自用地部分と貸付地部分の2つに分けるとします。そして、会社を設立して、その会社の名義で貸付地部分にアパートを建てます。設例では、この対策によって土地の評価額をおよそ半分程度に引き下げています。

なお、1画地の宅地は前記のとおり、利用の単位となっている一つの宅地をいいます。必ずしも1筆の宅地であるとは限らず、2筆以上からなることもあります。また、1筆の宅地が2画地以上に利用されていることもあります。

したがって、土地を2つに分けて利用の単位を変更したとしても、必ずしも分筆が必要なわけではありません。

しかし、相続税対策として2画地に分けるときは、できるだけ分筆し、さらに垣根などで利用の単位が別になっていることを明らかにしておくべきでしょう。

土地を分割して節税しよう

●路線価や土地の用途を変えて節税する

設例

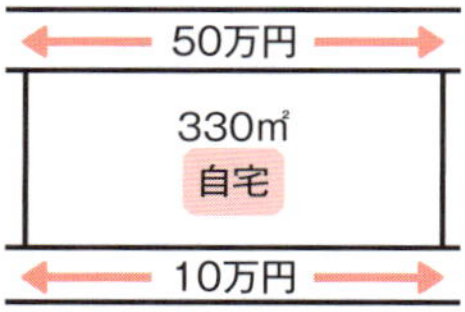

2つの道路に面した広い土地がある

●対策前の土地の評価額

(50万円+10万円×0.05)×330=1億6665万円

・小規模宅地の評価減および奥行価格補正率は考慮しない。
・二方路線影響加算率は0.05(普通商業・併用住宅地区)とする。

具体的な対策は?

①この土地を165㎡ずつ2つに分ける
②会社を設立して、その会社が一方の土地にアパートを建てる

対策後の効果は?

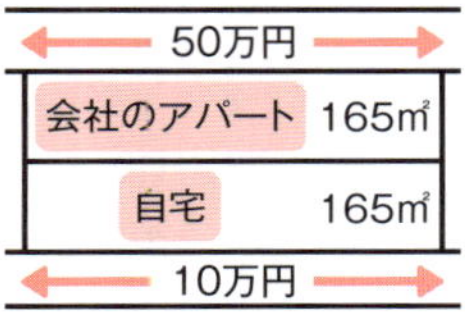

自分の会社に相当の地代(年間地代が相続税価額の6%)で土地を貸し付ける。この場合の土地の評価額は自用地の80%相当額

(対策後の土地の評価額)

㋐ 自用地 10万円×165=1650万円
㋑ 貸付地 50万円×165×0.8=6600万円
㋒ ㋐+㋑=8250万円

評価の引き下げ額
=1億6665万円−8250万円=8415万円

アイデア 51

宅地を私道にして評価額を引き下げよう

不特定多数の人が通行する私道の相続税評価額はゼロなので、私道をつくったり、道幅を広げることで評価額を引き下げられる。

私道の評価方法を利用する

私道は次のように評価することになっています。

①不特定多数の人が通行する私道として利用される土地は、相続財産として評価しない。つまり評価額はゼロということ

②袋小路のように周囲の宅地所有者等の特定の人が通行する私道として利用される土地は、自用地としての価額の30％で評価する

③もっぱら自分の通路用地として利用されている土地は私道には該当せず、評価減することはできない

そこで、次のように私道の評価方法を利用して、土地の評価額を引き下げます。

対策A　2つの公道に面した土地がある場合には、自宅の宅地の一部を私道にする

対策B　すでに私道がある場合には、その私道の幅を広げる

対策Aまたは対策Bにより私道となった部分は、不特定多数の人が通行する私道として相続税評価額はゼロになります。

なお、この対策によって私道となった部分は、相続終了後の適当な期間が過ぎたら、閉鎖して元の宅地に戻すといった方法も考えられます。

私道の評価方法

● 私道の評価額がゼロなことを活かして節税する

① 不特定多数が通行する私道

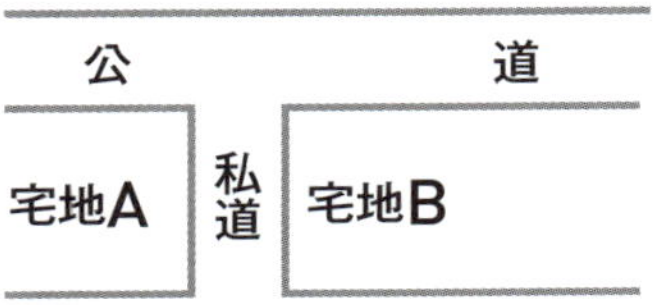

評価額ゼロ

② 周囲の宅地所有者など、特定の人が通行する私道

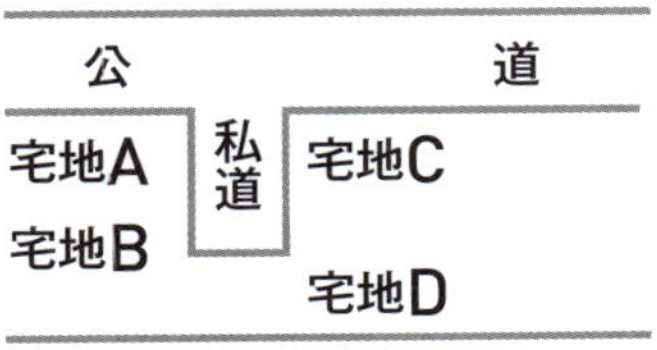

自用地価額の30%

③ もっぱら自分の道路として利用している土地

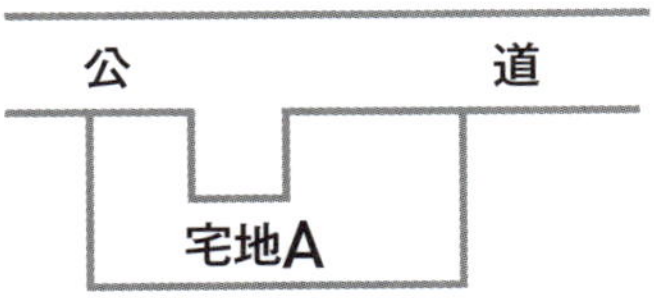

私道には該当しない

Point

この評価のしかたを利用して、土地の評価額を引き下げることができる

アイデア 52

貸宅地は早めに処分しよう

昔からの貸宅地を持っていても相続税上は不利なのに加え、借地人との問題を子の代に先送りするだけとなる。早めに処分しておこう。

貸宅地は時価よりも高く評価される

貸宅地、つまり借地権が設定されている宅地の価額は、その土地の自用地としての価額から、借地権の価額を差し引いた金額によって評価します。借地権の価額は、自用地価額に借地権割合を掛けることによって計算され、借地権割合は路線価図より知ることができます。

借地権割合が60%の土地が貸宅地となっていれば、その評価額は更地価額の40%です。借地権割合が70%であれば、更地価額の30%が評価額となります。

ただ、実際に処分するとなると、貸宅地の相続税評価額が更地価額の40%とか30%であったとしても、その半分の20%あるいは15%相当額にもならないというのが現実です。

一般的には、不動産の相続税評価額は時価よりも低いことを利用して、現金に換えて不動産を購入するというのが相続税対策の基本的な考え方です。

ところが、貸宅地の場合はその逆で、貸宅地の相続税評価額は時価よりもはるかに高くなっています。しかも、相続が発生してから納税のために処分しようとしても、売却に時間がかかり、買い手に有利な価格でしか処分できないというのが現実です。

したがって、貸宅地は早めに処分しておいたほうが相続税の節税になり、また、納税資金の確保にも役立ちます。貸宅地の処分方法としては、①**底地を借地人に売却する、②借地権を買い取る、③底地と借地権を交換する、④更地にして借地権者とともに売却する**などがあります。

貸宅地の処分方法

●「賃宅地の評価額<時価」なので早めに処分を

① 底地を借地権者に売却する

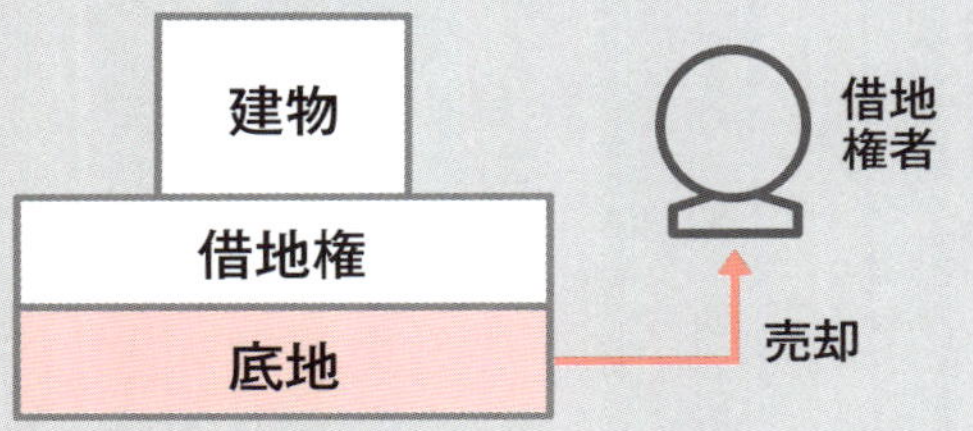

② 借地権を買い取る

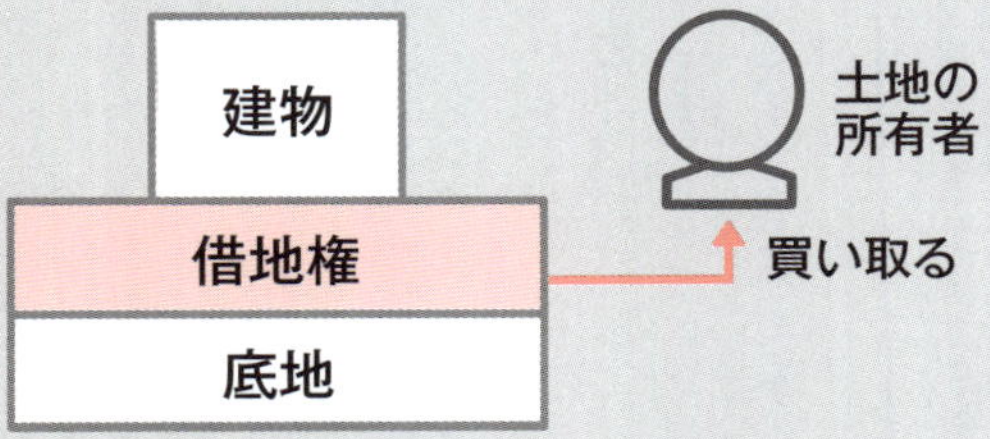

③ 底地と借地権を等価交換して更地にする

④ 底地を借地権とともに第三者に売却する

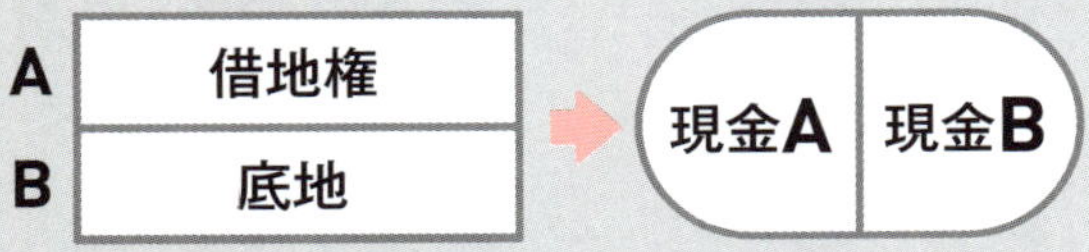

アイデア

53

タワーマンションによる節税には注意しよう

相続税対策として効果が高いタワマン節税だが、規制が厳しくなってきているので、ルールをよく理解して実行しよう。

タワマン節税の規制内容

タワーマンションは左ページ上段の２つの理由により、時価よりも相続税評価額のほうが大幅に低くなっています。そのため、タワーマンション１戸を１億円の現金で購入すると、相続税評価額は物件にもよりますが、およそ３０００万円程度。相続税評価額が７０００万円も下がって、相続税を大幅に節税できます。

一方で、こうしたタワーマンションの特徴を利用した相続税の節税策（いわゆる「タワマン節税」）に対し、かねて課税の公平性を損ねるという批判がありました。

そこで、２０１８年度からタワーマンションの固定資産税の計算方法が見直されました。具体的には、地上60メートル以上（約20階）の超高層マンションは、１階高くなるごとに０・26％税額が増えるよう固定資産税の計算を調整します。すると、１階の住戸に比べて40階の住戸なら10・９％、50階の住戸なら13・８％、固定資産税が高くなります。

ただし、マンション全体の固定資産税の総額は変わらないので、中間に当たる階の住戸の固定資産税はプラス・マイナス０に設定され、それより上の階はプラス、下の階はマイナスになります。

タワーマンションが節税になる理由

●時価より評価額が低いことを利用して節税

理由① 価格に占める土地分と建物分の割合

相続税評価額は、土地は路線価、建物は固定資産税評価額を基に計算する。一般に路線価は時価（販売価格など）の約80%、固定資産税評価額は時価（建築費など）の40〜60%。タワーマンションは価格に占める土地の割合が低く、建物の割合が高いため、相続税評価額と時価で差が開きやすい。

理由② マンションの固定資産税の計算方法

マンションは1棟の建物の中に多くの住戸が入っているため、建物全体の固定資産税を専有面積によって単純に按分して各住戸の固定資産税を計算する。階数などは関係ない。しかし、タワーマンションでは下層階と上層階の住戸の時価に大きな差があり、上層階ほど高い節税効果を得られる。

新しい計算方法が適用されるのは、２０１７年４月以降に売買契約が結ばれ、２０１８年１月１日以降に引き渡しが始まったタワーマンションです。同様に相続税や贈与税においても、２０１８年１月１日以降に引き渡された60メートル以上のタワーマンションは新しい固定資産税（評価額）の計算方法が適用されます。

一方、２０１７年までに完成して引き渡しを受けているタワーマンションについては、建物の固定資産税評価額、相続税における評価額は以前のままです。

また、２０１７年以前に完成しているタワーマンションであれば、２０１８年以降に中古で購入しても以前の計算・評価方法が適用されます。

このように見る限り、タワーマンションを使った節税対策は依然として有効なことがわかります。ただし、今後さらに厳しい規制が課される可能性もあります。動向に注意しましょう。

この章で紹介した19のアイデア

35 □ 財産評価のしくみから節税を考えよう

36 □ 小規模宅地等の特例を利用しよう

37 □ 居住用宅地は配偶者が取得しよう

38 □ 事業用宅地は400㎡まで80％減額できる

39 □ 事業用宅地は事業承継者が取得しよう

40 □ 同族会社の事業使用の宅地は80％減額できる

41 □ 同族会社への土地等の貸付は賃貸借契約にする

42 □ 貸付用宅地は200㎡まで50％減額できる

43 □ 2種類以上の土地に小規模宅地等の特例を適用しよう

44 □ 貸家にして家屋の評価額を3割下げよう

45 □ 貸家にして敷地の評価額を2割下げよう

46 □ 個人事業者は法人成りしよう

47 □ 借入金で不動産を取得しよう

48 □ 相続が近いときの不動産購入に注意しよう

49 □ 赤字会社に借地権を移転しよう

50 □ 土地を分割して評価額を引き下げよう

51 □ 宅地を私道にして評価額を引き下げよう

52 □ 貸宅地は早めに処分しよう

53 □ タワーマンションによる節税には注意しよう

第5章

争族対策と上手な遺産の分け方のアイデア

アイデア

54

相続争いは絶対に回避しよう

相続争いがあると相続人だけでなく、財産を残して亡くなった本人までも不幸になる。また相続税も高くつくことを知る必要がある。

どんな家庭でも相続争いは起こり得る

遺産相続という言葉から「骨肉の争い」を思い浮かべる人も少なくないと思います。もっともそれは資産家に限ったことで、一般の家庭には無縁のことと思われがちです。ところが、自宅以外に財産がない一般の家庭でも、この骨肉の争いはよく起こっています。資産家であれば、分ける財産もありますが、一般家庭や小口の資産家の場合、自宅以外に分ける財産がないため、かえって相続争いの問題に巻き込まれやすいのです。

現代は相続で争って当たり前の時代です。遺産相続でもめないで済むのは、親孝行の子どもが1人しかいないようなごく稀なケースだと考えておいたほうがいいでしょう。

一昔前であれば、相続問題というと、相続税の節税や納税資金の準備が中心でしたが、昨今は相続争いのほうが大きなテーマになってきました。

遺産相続でもめてしまうと、元の兄弟姉妹関係、親子関係にはなかなか戻れません。そうなると兄弟姉妹が親の命日に集まることもなく、親の墓参りに訪れる子もいなくなってしまいます。相続争いで不幸になるのは相続人だけではないのです。

相続争いをしていると、財産の処分もできません。不動産を売却するにしても、相続が済んで、相続人の名義になってからでないと行えないからです。その間に地価が下がったり、有利な買い手を逃してしまったりするかもしれません。左にまとめたとおり、節税の面でも極めて不利です。相続でもめて良いことは一つもないのです。

相続争いをすると税金は高くつく

●分ける財産が少ないほうがもめやすい

1　小規模宅地等の特例が使えなくなる

小規模宅地の80%評価減は、その宅地を誰が取得したか確定しなければ判定することができない。相続税の申告期限の時に、その宅地が未分割ではこの特例が適用できない

2　配偶者の税額軽減が受けられない

配偶者の税額軽減は分割が確定していることが適用のための条件となる。相続争いをしていると配偶者の税額軽減も適用できない

3　物納ができない

物納すべき財産の取得者が誰なのか決まらなければ、物納のしようがない。また、資産を延納や借入金の担保とすることもできない

Point

小規模宅地等の特例と配偶者の税額軽減は相続税法の最大の特典。これが活用できないと、相続税はとんでもない額になる

アイデア

55

介護の特別寄与料を請求しよう

民法では親の面倒を見ても見なくても相続分は同じ。ただし、相続法の改正により介護をした人は特別の寄与料が請求できるようになった。

遺産相続と親の面倒・お墓はセットで

民法では相続人の相続分を配偶者が2分の1、残りの2分の1を子が均等に分けるように定めています。子どもたちが均等に財産を分けるというと、一見平等のようにも思えますが、これほど不平等な定めもありません。

というのは、民法の相続分は財産の分け方について規定しているだけですが、実際の相続には財産を相続するだけではなく、先祖の霊と墓を相続すること、年老いた父母の扶養という負担を相続することも含まれています。ところが民法では財産の相続と、お墓を守っていくことや父母の扶養を切り離して考えています。

親をこれまで扶養・介護してきたこと、これからも残った片親を扶養・介護していくことを、民法はほとんど評価していません。親の扶養・介護とひと言でいってしまえば簡単ですが、それは気軽な話ではないのです。

その一方で、いざ相続となると、次男以下や姉妹は法律に規定されていることを理由に、きちんと相続分を要求してきます。特に親の見舞いに一度も来なかったような相続人がその権利を主張します。そうなるとお墓を守っていく義務があり、親の面倒を見たり、介護してきた長男（長男に限りませんが）は納得がいきません。こうしたことから相続争いが始まります。

介護をしたら特別寄与料をもらえる

また、相続人でない親族が被相続人の介護や看病をしても、これまでは遺産の分配にあずかることはできず、不公平がありました。

たとえば、長男の配偶者や、子がいる場合の兄弟姉妹は原則として、相続人ではありません。しかし現実には、遠く離れて住んでいる子よりも、同居している長男の嫁や、近くに住んでいる自分の兄弟姉妹が介護や看病をするというケースもよくあります。けれども、相続人でなければ、遺言書がない限り、たとえ相続人より熱心に介護をしていたとしても、相続で1円も財産をもらうことはできないというのが従来の規定でした。

このような不公平を解消するために相続法が改正され、2019年7月1日以降に開始した相続については、相続人でない親族であっても、無償で被相続人の介護や看病に貢献し、被相続人の財産の維持または増加について特別の寄与をした場合には、相続人に対して金銭の請求を行えるようになりました。たとえば、妻が夫の親を介護していたようなケースです。友人や内縁の配偶者など親族ではない人は対象外となります。

ただし、この特別寄与料の請求権は、あくまでも「請求できる権利がある」というだけで、「もらえる権利がある」ということではありません。また、請求しなければもらえませんし、請求したところで、相続人側が協議に応じなければ、家庭裁判所に申し立てることになります。

介護をすれば、自動的に報われるようになるわけではありませんので、介護をしてくれた人に確実に報いたいのであれば、遺言書を作成しておく必要があります。

アイデア

56

遺言書などで自分の意思を伝えておこう

相続争いをなくすには、生前に財産の分け方を相続人に話しておこう。また、それだけでなく、遺言書を書いておく必要がある。

ふつうの相続人は親の意思には従う

相続争いをなくし、子どもにきちんと面倒を見てもらい、先祖とお墓を守っていってもらうためにはどうすればいいのでしょうか。それには財産を残す人が、その財産をどのように分けるかを相続人にハッキリと伝えておくことです。親の意思であれば、たいていの子は従います。なぜそのように分けるのか、理由についても明らかにしておきましょう。

そして、その意思を法律的に確実なものにするのが遺言書です。自分の財産は自分で好きなように処分したいところですが、死んでしまった後ではどうにもできません。けれども、遺言によって、自分の思うように財産の処分ができるのです。

もっとも、遺言書の必要性は、親よりも子のほうがよくわかっています。しかし通常、子から親に「遺言書を書いてくれ」とは言えません。遺言書は親のほうから進んで書くようにしましょう。

なお、介護をしてもらった嫁などの親族にも、遺産配分の請求権が認められるようになりましたが、請求権があるだけで、必ずもらえるものではありません。前項でお話ししたとおり、確実なも

遺言書でできること

●自分の意思を伝えておく

1 | 民法の相続分とは関係なく遺産を分割できる

遺言書に、誰に何をどういう割合で与えるかを書いておけば、民法に定める相続分に優先して分割することができる

2 | 相続権のない人に財産を分けられる

たとえば、面倒を見てくれた嫁、遠くにいる子に代わって老後の世話をしてくれた友人など、相続権のない人に財産を分けることができる

3 | 子がいないとき、自分の兄弟姉妹への相続を防げる

子がいないと兄弟姉妹に4分の1の相続分がある。兄弟姉妹には遺留分がないので、「全財産を配偶者に与える」旨の遺言書があれば、兄弟姉妹に財産がわたることを防げる

4 | 非摘出子を認知できる

婚姻外で生まれた子を生前に認知できなかった場合、遺言で認知することができる

5 | 後見人を指定できる

相続人の中に未成年者がいるときは、遺言により信頼できる人を後見人に指定することができる

6 | 相続人の廃除およびその取消しができる

通常であれば相続人となる人の相続権をはく奪(廃除)したり、廃除の取消しをしたりできる

7 | 遺言執行者を指定できる

弁護士などを遺言執行者として指定したり、その指定を第三者に委託したりすることもできる

のにするには、遺言書を遺す必要があります。

遺言書には3つの種類がある

遺言書とは、財産を残して死んだ人が相続人に自分の意思を伝えるために書いた手紙のことです。次の3つの種類があります。

①自筆証書遺言書

自分で書いた遺言書のことです。遺言の内容の全文を自分の手で書き、日付を入れて、署名し、印を押せば出来上がりです。

これまでパソコンで作成したものは無効でしたが、2019年1月13日以降、遺言書に添付する相続財産の目録については、パソコンで作成したものや通帳のコピーなどに署名捺印したものでも認められるようになりました。なお、自筆の遺言書とパソコンで打った財産目録との契印は不要とされているようです。

遺言書の作成年月日が抜けているもの、日付が自筆でないものは無効になるので注意してください。遺言書は何通書いてもかまわず、複数の遺言書がある場合には、死亡日に最も近いもの1通だけが有効になります。そのため、日付は有効な遺言書を見分けるのに非常に大切なのです。

遺言をする人が署名し、印鑑を押しますが、印鑑は認印でもかまいません。一般的には遺言書を封筒に入れて封印し、遺言書と書いて日付を入れて署名捺印しますが、封筒に入れたり封印しなくても有効です。

遺言書の保管者や発見者は、相続の発生を知ったら、遅滞なくその遺言書を家庭裁判所に持っていき、裁判所の検認を受けることになっています。検認とは、遺言書が偽造・変造されないように、記載内容をそのまま保存する手続きです。封印のある遺言書は勝手に開封することはできず、家庭裁判所で後日、相続人全員の立ち会いのうえで開封することになっています。

自筆証書遺言書が無効になるケース

●作成に当たっては細心の注意が必要

①	日付の書き忘れ	遺言書はいつ書かれたものかが重要となるため、日付がない遺言書は無効
②	修正方法が不適切	二重線で修正し、遺言書の末尾等に「〇行目〇文字削除し〇文字追加した」と追記したうえで、自筆での署名がないと無効
③	内容が不明確	不動産なら登記簿に記録どおりに、所在や地番、地目、地積、家屋番号、構造、床面積などの記載がないと無効
④	被相続人以外の介在	認知症を患っていたなど、遺言書作成当時に本人に遺言能力がなければ無効。相続人から無効の訴えがあった場合に争点になる

なお、自筆証書遺言書は自宅で保管されることが多く、紛失したり、捨てられたり、改ざんされたりする恐れがあるため、２０２０年7月10日より法務局で自筆証書による遺言書を保管する制度が始まります。本人が持参した自筆証書遺言書を登記所で実費程度の手数料で保管するという制度で、預けられた遺言書は裁判所での検認が不要となります。

②公正証書遺言書

公証人に作成してもらった遺言書を、公正証書遺言書といいます。作成のためには、必要書類（印鑑証明、住民票、戸籍謄本、登記簿謄本、評価証明書など）を用意して、2人以上の証人とともに公証人役場へ行く必要があります。

遺言したい内容を公証人に口述し、公証人はそれを法的にも間違いのない文書として書き起こし、遺言者および証人に読み聞かせます。内容に間違いがないことを確認すると、遺言者本人と証人が署名捺印します。公証人が作成するので、法律的な有効性などは心配ありませんし、遺言書は本人と公証人役場でそれぞれ保管するため、紛失や偽造・変造の恐れもありません。

公正証書遺言書の作成にあたっては、必要書類を用意したり、証人を依頼したりしなければならず、手間がかかり、公証人に支払う手数料も必要です。また、証人に遺言の内容がわかってしまうというデメリットもありますので、信頼できる証人がいない場合には不向きです。

③秘密証書遺言書

公正証書遺言書だと証人に遺言内容がわかってしまうという問題を避けたいなら、秘密証書遺言書がお勧めです。遺言内容は自分で書き、公証人にその遺言書がたしかに自分で作成したものだと証明してもらうものです。

遺言書は本人が作成します。自筆である必要はなく、ワープロや代筆でもかまいません。そこに署名捺印して封筒に入れて封印します。それを証人2人と一緒に公証人役場に行き、自分の遺言書であることや、自分の住所、氏名を述べます。

公証人は、遺言書が提出された日付とそれが本人の遺言書であることを記載し、遺言者および証人とともに署名捺印します。

遺言書は遺言した人が保管します。相続があったときは、相続人がその遺言書を家庭裁判所に提出して検認を受けます。後日、家庭裁判所で相続人全員の立ち会いのうえで開封します。

秘密証書遺言書では、遺言内容が他人に漏れることはありませんが、内容に法的不備が生じる可能性がありますので注意してください。

遺言書の種類と特徴

●誰もが遺言書を作成しておくべき時代になっている

遺言書の種類	自筆証書遺言書	公正証書遺言書	秘密証書遺言書
確実性	リスクあり ・偽造・変造・紛失の可能性がある ・発見されても隠される可能性がある ・真偽をめぐって争いが起こることも ※2020年7月10日より法務局での保管制度の開始	確実	確実
手間とコスト	かからない	かかる ・公証人役場へ行く必要がある ・費用がかかる ・証人2人が必要	かかる 同左
秘密保持	できる	できないこともある ・証人には遺言の内容を知られてしまう	できる
遺言内容の取消し	簡単にできる	できるが、手間とコストがかかってしまう	同左

- 自筆証書遺言書：相続争いになる可能性が低いと思われる場合はこれで十分
- 公正証書遺言書：相続争いになる可能性が高い場合につくる
- 秘密証書遺言書：遺言の確実性を高め、秘密を保持したい場合につくる

アイデア

57

遺言書が必要なケースを理解しよう

相続争いが起こりやすいと思われる家庭、また相続人以外に財産をあげたい場合は、遺言書を書いておこう。

遺言の効果は大きい

家の一軒でもあれば、どんな平凡な家庭でも相続争いが起こってもおかしくはありません。特に次のようなケースでは、争いになるケースが極めて高いといえます。

該当するようなら、ぜひ遺言書を作成しておくことをお勧めします。

①兄弟姉妹の仲が悪い場合

特に相続人の代表となる長男とほかの兄弟の仲が悪いときには、必ずと言っていいほど相続争いが起こります。遺言書が必須の解決手段と考えておいたほうがいいでしょう。

②経済的に苦しい相続人がいる場合

本人が安定した職に就いていないとか、夫があまり働かない・働けないような状態で、収入も少なく、持ち家もないという相続人がいると争いの原因になります。

こうした相続人は最低でも法定相続分を要求してきます。するとほかの相続人も「それでは私も」と、法定相続分を要求してきます。

③先妻、後妻とも子がいる場合

先妻は相続人にはなりませんが、先妻との間にできた子は当然相続人になります。後妻の子との仲が良くないのがふつうで、争いになることが少なくありません。

④内縁の妻に子がいる場合

内縁の妻が相続人になることはありませんが、認知した子は相続人になります。以前は非嫡出子の相続分は嫡出子の2分の1でしたが、いまでは嫡出子と同じ相続分があります。認知した子は当然、法定相続分を要求してきます。全財産の明細を出してくれとか、これがほしいということになり、分割協議がなかなかまとまらなくなります。

認知した子がいるときは、一般的にいえば、遺留分に相当する金額について財産を特定して相続させるべきでしょう。

⑤自宅などのほかに分ける財産がない場合

自宅などのほかに分ける財産がないと、売却して相続人に分けるしかないということになりかねません。

配偶者居住権の制度ができましたが、ほかに分ける財産がないとスムーズにいかないケースも起こり得ます。そうなると、残された配偶者などが住むところもなくなるかもしれません。

⑥自営業者や農家である場合

財産が分散してしまうと、家業を継続できなくなる恐れが高くなります。最悪の場合、家自体がなくなってしまうことも考えられます。家業や家を守るためには、遺言書が必要になります。

⑦子の妻が介護などの世話をしてくれていた場合

息子の妻は相続人にはなれませんので、財産を相続できません。142ページでお話しした介護の特別寄与料請求権は、あくまで介護の世話をした子の妻にも財産分与の請求権があるだけで、財産分与を保証するものではありません。

介護などの面倒を見てくれるのは子よりも嫁であることが少なくありません。こんなときはきちんと遺言書を作成しておき、子の妻にも財産を分与すべきでしょう。

1
2
3
4
5 争族対策と上手な遺産の分け方のアイデア
6
7
8

アイデア

58

遺留分を考慮して遺産を分割しよう

相続人には、法律で一定割合の相続分が保障されている。遺贈するときは、このことに注意して、個々の財産ごとに分割しよう。

配偶者や子の相続分をゼロにはできない

遺留分とは、相続人が当然受け取る権利のある相続分のことです。相続人は遺言書がなければ、法定相続分を相続することになりますが、遺言書があれば、原則、遺言書の内容に従うことになります。

ただし、仮に遺言書に次男に全額寄付すると書かれていたとしても、配偶者や長男などほかの相続人が主張すれば、法律で保障された最低限＝遺留分の遺産をもらうことができます。遺留分の制度により、相続人を保護しているわけです。

遺留分の割合は、配偶者や子については合計で被相続人の財産の2分の1、父母（配偶者がいない場合）については合計で3分の1と定められています。

たとえば、相続人は配偶者、長女、次女の３人で、相続財産の価額が3億円だったとします。配偶者の法定相続分は2分の1で、遺留分の割合が2分の1ですので、７５００万円（3億円×2分の1×2分の1）については、当然に相続によって取得する権利があります。長女と次女の遺留分は、３７５０万円（3億円×2分の1×2分の1×2分の1）です。

なお、遺留分が認められるのは、配偶者、直系卑属および直系尊属だけで、被相続人の兄弟姉妹には遺留分がありません。

遺留分の権利を主張するためには、「遺留分減殺請求」をする必要があります（168ページ）。

遺言で遺産分割するときは、遺留分を侵すと遺留分の減殺請求があることも考慮し、遺産総額の何分の1という決め方をするのではなく、個々の資産ごとに、誰にどの資産を与えるか決めておくほうがいいでしょう。

遺留分の計算方法

●遺留分を念頭に資産ごとに相続人を決める

遺留分とは？

被相続人の財産のうち、相続人が当然受け取る権利のある割合のこと。遺言書によって財産の取得がゼロとされていても、遺留分については取得する権利がある

各相続人の遺留分の価額 ＝（**相続開始時の財産価額** ＋ **贈与財産の価額**※1 － **債務全般**）× **遺留分の割合**※2 － **各人の特別受益額（遺贈・生前贈与等）**

※1　贈与財産の価額
次の生前贈与した財産が含まれ、その価額は相続開始の時に現状のまま存在するものとみなして評価します
①相続開始前1年以内の贈与財産
②相続開始前1年以前でも、贈与者と受贈者双方が遺留分権利者に損害を加えることを知っていた贈与財産
③婚姻または養子縁組、もしくは生計の資本として生前に贈与された財産
④みなし贈与財産

※2　遺留分の割合
①配偶者、子が相続人であるとき
→被相続人の財産の1/2
②父母が相続人であるとき
→被相続人の財産の1/3

Point

遺留分が認められるのは、被相続人の配偶者、子および父母だけ。兄弟姉妹には遺留分はない

アイデア

59

遺留分は生前に放棄してもらうことができる

遺留分の放棄と遺言書の活用により、全財産を特定の相続人に相続させることもできる。遺留分の放棄の方法を知っておこう。

全財産を特定の人に相続させる方法

家業を継続するため、後継者となる長男に、どうしても全財産あるいは財産の大部分を相続させたいというケースもあります。同様に次男が分家したときにすでに財産分けを済ませてある、あるいは娘の結婚時にかなりの財産を持たせたなどの理由で、全財産を長男に相続させたいといったこともあるでしょう。

民法上は、法定相続人全員に相続する権利があるので、いくら家業の継続のためとか、財産分けしてあるからといっても、長男だけが全財産を相続するのは難しくなっています。長男以外の相続人が相続放棄をすれば問題ありませんが、相続放棄は親の死後に行われるものなのでどうなるかわかりません。遺言により、全財産を長男に相続させるとしても、遺留分の請求があれば、認めないわけにはいきません。

しかし、遺留分は事前に放棄できるという制度があります。ほかの相続人に遺留分の放棄をしてもらい、遺言を活用することで、全財産を長男など特定の相続人に相続させることもできるのです。

遺留分の放棄をするためには、相続開始前に家庭裁判所の許可を受ける必要があります。放棄をする本人が家庭裁判所に「遺留分放棄の家事審判申立書」を提出し、家庭裁判所でその申し立てが相当であるかどうかを判断して、許可または却下することになります。放棄の申し立てをする人（または配偶者）に相当の収入とか財産がある場合などには許可されます。

遺留分の放棄をするには？

●遺言書がないと効力が発生しない

遺留分放棄の申し立て

- 家庭裁判所へ「遺留分の放棄許可審判申立書」を提出する
- この申し立ては遺留分を放棄する本人がする

↓

家庭裁判所の審判

① 放棄の申し立てが本人の意思によるものか
② 遺留分を放棄する合理的理由があるか
③ 申立人または配偶者に相当の収入と財産があるか

→ **却下**

- 遺留分の生前の放棄はできない

→ **許可**

- 相続時に遺留分の請求ができない。ただし、遺留分を放棄しても相続権がなくなるわけではないので、遺言がなければ法定相続分を相続できる

Point

遺留分を生前に放棄してもらっても、遺言を残していなければ意味がない。遺留分の放棄は遺言とセットで考えよう

アイデア

60

農地は生前に一括贈与しよう

贈与税の納税猶予の制度を使えば、生前に農地を後継者へ一括贈与しても、税金がかからない。納税猶予が認められる要件を知っておこう。

農地には贈与税の納税猶予がある

相続時に、相続人の間で争いが起こって農地が細分化されてしまうと、農業経営を続けていけません。そこで、こうしたトラブルを避けるために、農地を生前に後継者へ一括贈与してしまう方法があります。その際、「農地に係る贈与税の納税猶予」という特例があって、一定の要件を満たせば、贈与税もかかりません。

この特例は、農地が贈与されたときの贈与税の納税は猶予して（税金の支払いを延ばして）おき、贈与した人の死亡時に、その農地を相続財産に含めて相続税を課税し、猶予されていた贈与税は免除するしくみになっています。

農地に係る贈与税の納税猶予は、次のすべての要件が満たされている場合に限って認められます。

①農地の贈与者は、贈与の日において3年以上引き続いて農業を営んでいた個人であること

②耕作している農地の全部、使用している採草放牧地の面積の3分の2以上および保有する準農地の3分の2以上を一括して贈与すること

③農地の贈与を受けた人は、㋐その贈与の日の年齢が18歳以上であり、㋑その日まで3年以上引き続いて農業に従事しており、㋒その農地で農

業経営を行うと認められること

④納税猶予額に相当する担保を提供して、農業委員会の証明書や贈与契約書などの書類を添付した贈与税の申告書を期限内に提出すること

なお、左の図表のとおり、納税猶予は打ち切りになることがあるので注意してください。

納税猶予は打ち切りになるケース

● 農業を続けていくことが納税猶予の条件

全部打ち切りになるケース

①贈与を受けた農地の20%を超えて譲渡または転用等をした場合

②農業経営を廃止した場合

③贈与を受けた人の相続権がなくなった場合

④継続届出書を税務署に提出しなかった場合

継続届出書は申告期限から3年ごとに提出することになっている。ただし、納税猶予を受けた農地の全部が担保に供されている場合には、その必要はない

一部打ち切りになるケース

①贈与を受けた農地の20%以内について譲渡または転用等をした場合

②贈与を受けた農地の一部を収用等により譲渡した場合

③贈与税の申告後、10年を経過しても農業に使用されない準農地がある場合

Point

贈与税の納税猶予は、農地の細分化の防止や農業後継者の育成を目的とするもの。そのため、その趣旨に反するような事実がある場合には、納税猶予が打ち切りとなり、猶予されていた贈与税と利子税（年6.6%）を納めることになるので注意しよう

アイデア

61

分割できる財産がないときは、生命保険を利用しよう

争うほどの財産がない場合でも、相続争いは起こるもの。そんな人は生命保険に加入しておき、生命保険金を分割用財産にしよう。

大きい保険に入る必要はない

相続争いは分割できる財産がないことが原因で起こるケースが少なくありません。たとえば、自宅以外に価値のある財産がなければ、その家を配偶者と長男が相続すると、ほかの子が相続できる財産がないからです。

民法では、子は均等に相続する権利があります。次男など家を出た子としては、均等とはいわないまでも、ある程度の財産は分けてほしいと思うのが当然です。長男などから「分ける財産などない」と言われても納得できず、「それなら家を売って分ければいいじゃないか」ということになってしまいます。

しかし、自宅を売却してしまうと、残された配偶者の住む家がなくなってしまいます。その家にずっと住むつもりでいた長男も困ってしまいます。

共有財産にする方法もありますが、そこで生活していく人の立場が不安定になってしまいますし、買い換えなどのために処分しようとしても、できなくなってしまいます。次男にしても、すぐに相続分の財産を活用できるわけではありません。

そこで考えられるのが、生命保険の活用です。生命保険金を分割用財産に充てるのです。

大きな保険に入る必要はありません。たとえ自宅に比べると小さな金額でも、遺言に「相続のことでもめないように」といった言葉を加えるなど、親の気持ちが伝わるようにしておけば万全です。

生命保険をどうやって活用するのか？

● 節税対策以上に相続争いの回避に有効

	場合	活用方法
1	分割する財産がない場合	→ 生命保険金を分割用財産に充てる
2	納税資金がない場合	→ 生命保険金を納税資金に充てる（☞184ページ）
3	相続税の節税をしたい場合	→ 生命保険の非課税枠を利用する（☞40ページ）

※生命保険契約に関する権利は、現在は原則として解約返戻金で評価されることになり、相続税の節税対策には利用できなくなった

Point

生命保険は相続税の節税対策だけでなく、納税資金対策や相続争いの防止にも利用することができる

アイデア

62

配偶者は自宅に終身住み続けることができる

2020年4月1日から施行される配偶者居住権の制度により、配偶者は自宅に終身住み続けることが可能に。このほか配偶者短期居住権もスタートする。

配偶者居住権が創設

たとえば、亡き夫の遺産が持ち家の自宅2000万円と預貯金2000万円だったとします。子がいる場合、法定相続分で相続したとすると、妻の法定相続分は2分の1ですから、自宅を相続したければ、預貯金は1円も相続できません。これでは残された妻の生活が成り立たなくなる可能性があります。

そこで新たに2020年4月1日からスタートするのが、配偶者居住権という制度です。

配偶者居住権は、配偶者が相続開始時に被相続人が所有する建物に住んでいた場合に、終身または一定期間、その建物を無償で使用することができる権利です。

具体的には、建物についての権利を「負担付き所有権」と「配偶者居住権」に分け、遺産分割の際などに、配偶者が配偶者居住権を取得し、配偶者以外の相続人が「負担付き所有権」を取得することができるようにしたものです。

配偶者居住権は、自宅に住み続けることができる権利ですが、完全な所有権とは異なり、誰かに売ったり、自由に貸したりすることができない分、通常より評価額が低くなります。

配偶者居住権のイメージ

●2020年4月1日からスタートの新制度

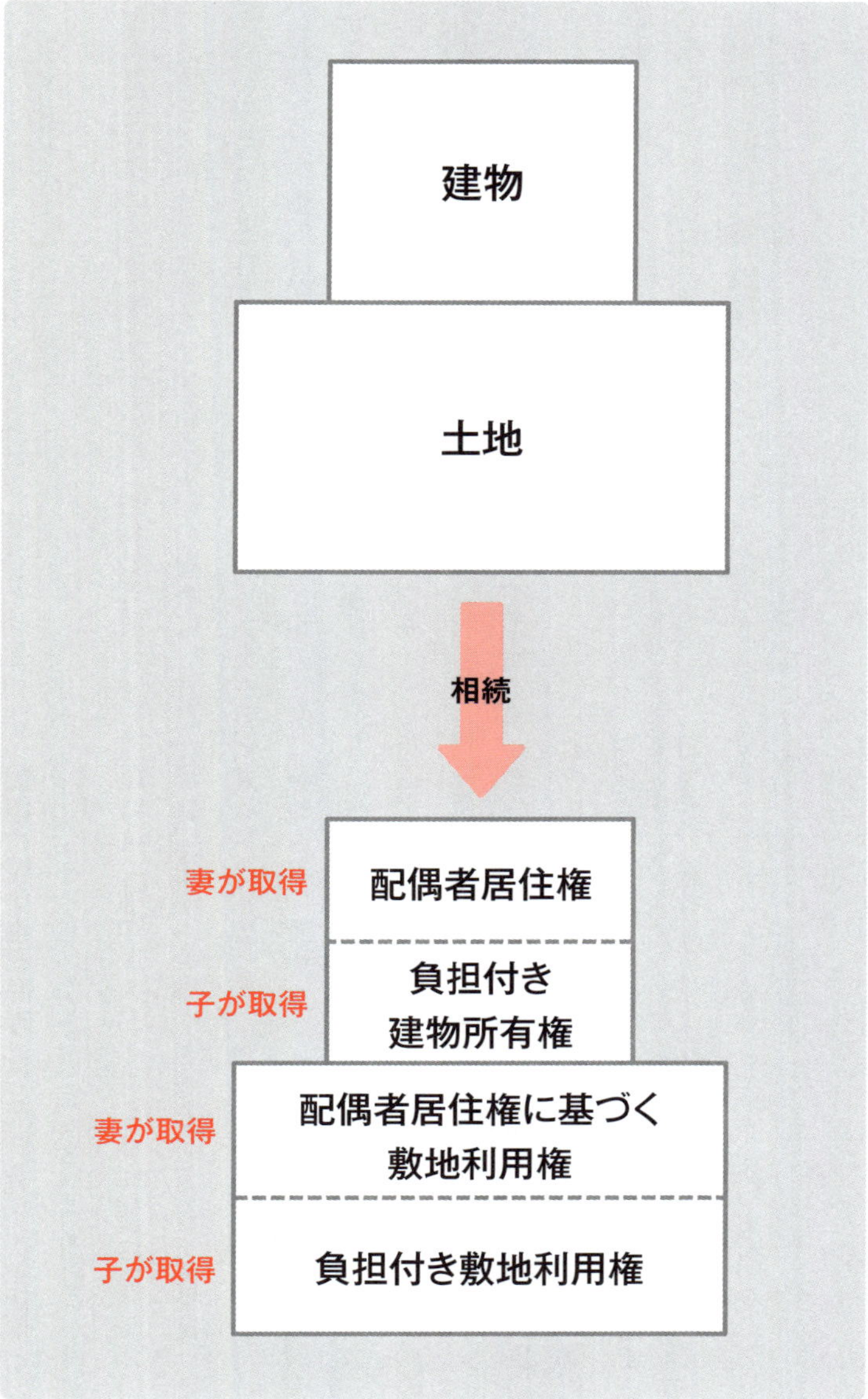

これにより、配偶者はこれまで住んでいた自宅に住み続けながら、預貯金などのほかの財産を相続できる可能性が高まり、その後の生活の安定を図りやすくなるというわけです。

遺言書を作成しておく

配偶者居住権の対象となる財産は、被相続人所有の建物で、相続開始時点で配偶者がその建物に住んでいたことが条件となります。

この権利は自動的に発生するものではなく、遺産分割や遺贈によることが必要になります。遺産分割で取得する場合は、相続人の間で遺産分割協議の成立が必要であり、配偶者居住権を確実に取得できる保証はありません。確実に居住できるようにするには、遺言書も作成しておきましょう。

なお、配偶者居住権を得て自宅に住み続けるには、配偶者居住権を登記する必要があります。登記していないと、新たに所有者となった相続人が自宅を売却した場合に、買主から退去を迫られる恐れがあります。

配偶者短期居住権もあり

配偶者居住権と同時に、配偶者短期居住権という制度もスタートします。こちらは配偶者が相続開始時に、被相続人が所有する建物に居住していた場合、遺産の分割がされるまでの一定期間、その建物に無償で住むことのできる権利です。

被相続人の意思などに関係なく、相続開始時から6カ月間、または遺産分割により、自宅を誰が相続するかが確定した日までは、配偶者はその建物に住み続けることができます。

また、自宅が遺言により、配偶者以外の人に遺贈された場合には、その建物を取得した人が権利の消滅の申し入れをした日から6カ月を経過する日まで、配偶者はその建物に住むことができます。たとえば、亡き夫が「自宅の土地建物は長男に相続させる」と遺言を残していても、妻がいきなり追い出されてしまうことはありません。明け渡しの請求をされてから6カ月間は、その家に住み続けることができます。

配偶者居住権等の評価額

●実効性の担保に必ず遺言書も作成しておく

財産の種類	相続税の評価額
㋐配偶者居住権	建物の時価※1 － 建物の時価×（残存耐用年数※2 － 存続年数※3）／残存耐用年数×存続年数に応じた民法の法定利率による複利現価率※4
㋑配偶者居住権が設定された建物（「居住建物」）の所有権	建物の時価－配偶者居住権の価額
㋒配偶者居住権に基づく居住建物の敷地の利用に関する権利	土地等の時価※1－土地等の時価×存続年数に応じた民法の法定利率による複利現価率
㋓居住建物の敷地の所有権等	土地等の時価－敷地の利用に関する権利の価額

※1 上記の「建物の時価」および「土地等の時価」は、それぞれ配偶者居住権が設定されていない場合の建物の時価または土地等の時価とする

※2 上記の「残存耐用年数」とは、居住建物の所得税法に基づいて定められている耐用年数（住宅用）に1.5を乗じて計算した年数から居住建物の築後経過年数を控除した年数

※3 上記の「存続年数」とは、次に掲げる場合の区分に応じそれぞれ次に定める年数
㋐配偶者居住権の存続期間が配偶者の終身の間である場合、配偶者の平均余命年数
㋑「㋐」以外の場合、遺産分割協議等により定められた配偶者居住権の存続期間の年数（配偶者の平均余命年数を上限とする）

※4 残存耐用年数または残存耐用年数から存続年数を控除した年数がゼロ以下となる場合には、上記㋐の「（残存耐用年数ー存続年数）／残存耐用年数」はゼロとする

アイデア 63

残された妻の上手な相続の方法は？

配偶者には2分の1の相続分があり、その分の相続は税金がかからないという特典もあるので、これを活用しよう。

住む家と現金を確保しよう

女性の平均寿命が85歳を超える時代です。不幸にも夫に先立たれたら、配偶者は自分の住む家と現金の確保に努めましょう。

事業を営んでいる家や農家では、長男などの後継者ができるだけ財産を自分の名義にしておきたいと考えるのがふつうです。しかし、事業用財産はともかく、自宅については妻のものにしておきたいものです。少なくとも配偶者居住権（１６０ページ）だけは取得しておくべきです。

自宅を長男が相続し、その後、長男が先に死んでしまうこともあり得ます。すると、その自宅は長男の嫁と孫が相続することになり、嫁との仲が悪いと、その家から出て行くことを余儀なくされるケースも出てきます。

もし何らかの事情により、自宅をすべて自分の名義にすることが好ましくないという場合には、建物だけは自分の名義にするとか、自宅を長男と共有して持分を相続する方法もあります。

配偶者には、民法上全財産の2分の1を相続する権利がありますし、税法上も全財産の2分の1を相続しても税金はかかりません（50ページ）。この民法の規定と相続税法上の特典を主張し、活用すべきでしょう。

特に資産家の場合には、配偶者が2分の1を相続し、その相続した財産を子どもに少しずつ贈与していくべきです。そうすれば、いまの相続税が安くなるだけでなく、将来、自分が亡くなったときの相続税対策にもなります。また、毎年財産を贈与してくれるとなると、子どもも親を大切にせざるを得なくなるはずです。

夫に先立たれた場合の相続のしかた

●自宅の所有権（名義）は妻が相続しておく

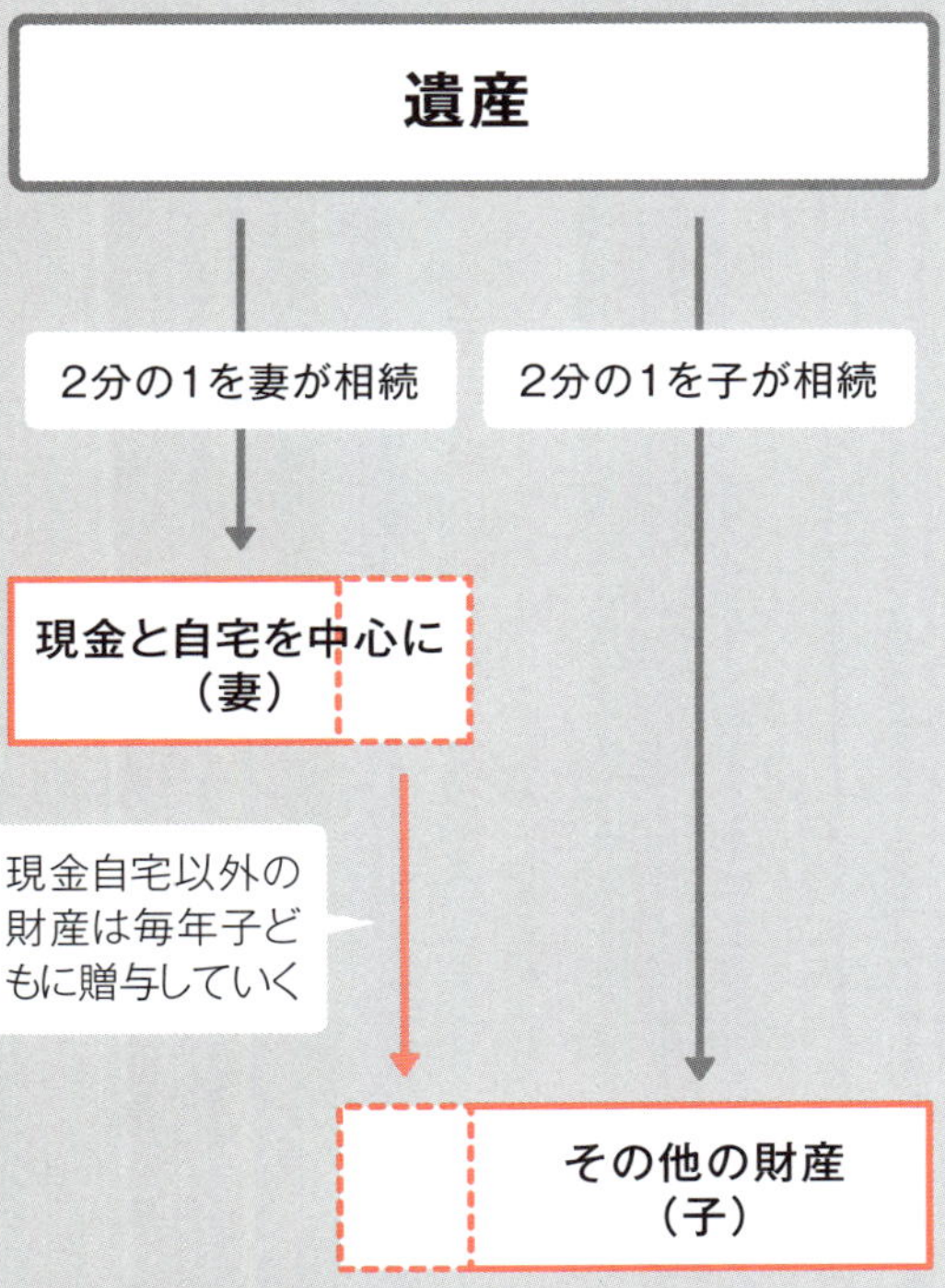

※まず妻が2分の1を相続し、妻は相続した財産を毎年子どもに少しずつ贈与していく。これで第1次相続、第2次相続ともに節税になる

Point

毎年財産を贈与していけば、相続税対策になるだけでなく、子どもも親を大切にせざるを得ない

アイデア

64

家を継ぐ者の上手な相続の方法は？

普段から「兄弟姉妹で仲良くする」「親の面倒を見る」といった基本的なことが何より大切。相続があったときは、早めに遺産を分割しよう。

相続があったときは早い時期に決着を

長男等の後継者には、家を守っていく、年寄りの面倒を見る、お墓を守っていく、家業を継いでいくなどの重い責任があります。そのためにも、できるだけ多くの財産を相続したいところです。

それには、まず兄弟姉妹の仲を良くすることです。仲が悪いと遺産争いになり、財産が分散してしまうことは目に見えています。

一般に兄弟姉妹が独身であれば、自分の生まれた家のことを大事に思い、金銭に対する欲もそれほど強くなく、もめることは少ないようです。ところが、それぞれ自分の家庭を持ち、伴侶や子どもがいるとなると欲も出てきます。まして兄弟姉妹の関係が疎遠であると、実家や兄弟姉妹のことより、自分の家庭や暮らしのほうが大切になってくるものです。

しかし、日頃から親密な付き合いをしていれば、争いは少なくなります。また、いくら長男だから、後継者だからといっても、親の面倒も見ずに財産だけ相続しようとするのでは、ほかの兄弟は納得がいきません。相続争いの原因になります。長男は親の面倒を率先して見ることでしょう。

もう一つ大切なことは、親の力を借りることです。財産をどのように分けるべきなのか、親はどのように考えているのか、意思表示してもらうようにしましょう。

相続が発生したときは、ほかの相続人に考える時間を与えず、早めに遺産分割協議書を作成して、署名・捺印してもらいましょう。時間が経つと兄弟姉妹は段々と欲が出てきますし、それぞれの夫や妻が口を出してくる事態になりがちです。

遺産分割協議書の作成ポイント

●いろいろな意思が出る前に早期決着させる

様式	特に決められたものはない。どんな様式であっても、必要事項が書いてあればよい
内容	誰が何を相続するのかがわかればよい。遺産分割協議の過程や話し合いの内容などについては書く必要がない
氏名の記載	自署（自分で自分の名前を書くこと）でも、パソコンによる作成でもよい
捺印	実印を押す必要がある
添付書類	印鑑証明書
提出先	・税務署（相続の申告をするとき） ・法務局（不動産の名義を変えるとき） ・銀行（預金の名義を変えるとき） ・その他（その他の財産の名義を変えるとき）

Point

遺産分割協議書は、相続税の申告に間に合うように作成すればよいが、できるだけ早めに作成しておいたほうがトラブルにならない

アイデア

65

家を出た子の上手な相続の方法は？

家を出た娘や次男以下は、財産をもらうことだけが相続ではないことを理解しよう。ただし、納得できないときは遺留分減殺請求できる。

遺留分の侵害には遺留分減殺請求

家を継ぐ子もいないし、誰も親の面倒を見ることもなく、守っていくべき墓もないという家では、法定相続分どおりに分けるのが平等なやり方です。しかし、そんな家は稀でしょう。

財産分与を考えるときは、まず実家の財産がどのような経緯で築かれ、どのように守られてきたかを考えてみてください。そうすれば、その財産をどう承継していくべきか見えてくるはずです。

また財産を引き継ぐことと、親の面倒を見ること、墓を守っていくことはセットであることを理解してください。本来、相続というは、財産だけを相続するものではないということです。

そのうえで、遺言によって遺留分以下の財産しかもらえないことにどうしても納得がいかない場合は、遺留分減殺請求を行ってください。家を出た次男以下や娘には、十分な財産をもらえないことも起こり得ます。内容証明郵便で「自分の遺留分が侵害されたので、その遺留分の減殺を請求する」という趣旨の通知をするだけで効力が発生するため、いきなり裁判を起こす必要はありません。ただし、遺留分が侵害されたことを知った時から1年以内が請求の期限です。

遺留分減殺請求書の文例

●請求に見合った役割を果たせるかも考えよう

遺留分減殺請求書

拝啓　時下ますますご健勝のこととお慶び申し上げます。

さて、私の父は遺言により貴殿に対し全財産を遺贈しましたが、私には父の全財産の四分の一の遺留分があり、それが侵害されました。

よって、私は、遺留分侵害者である貴殿に対し、この書面より遺留分の減殺を請求します。

つきましては、遺留分に相当する財産を返還されるようお願いいたします。

敬具

令和○年○月○日

住所

氏名

Point

遺留分の減殺請求をするには、内容証明郵便で、上記のような遺留分減殺請求書を送ればよい

なお、これまでは遺留分減殺請求をすると、十分な現金預金がある場合を除き、相続財産が共有状態となって、持分権の処分に支障が出ることも少なくありませんでした。これが2019年7月1日以降に開始した相続から、遺留分侵害額に相当する金銭の請求を行えるようになりました。

アイデア
66

家族信託の活用で遺言書以上の対策が可能に

信託を利用した家族のための財産管理や承継のしくみが家族信託。高齢者の財産管理や遺産の承継に利用できる。

家族信託が注目を集める理由

家族信託とは、家族に自分の資産を託し、管理や運用を任せるものです。長寿化による認知症の増加、認知症になったときの財産凍結、成年後見制度の限界と不自由さ、相続人が決まらず放置される空き家などの社会問題の解決にも有効な手段となり得るため、注目されているものです。

家族信託は以下の3者の関係で成り立ちます。

- **委託者（財産を所有してその管理を託する人）**
- **受託者（託された財産の管理処分を行う人）**
- **受益者（信託財産から経済的利益を受ける人）**

信託契約によって委託者は、信頼できる受託者に財産を移転し、受託者は委託者が設定した信託目的に従って、受益者のために財産の管理・処分を行います。これが家族信託の基本的なしくみです。信託銀行などを通して信託しますが、受託者となるのは、委託者の家族や親戚などです。

たとえば、父親の持ち家を子に家族信託して、子が父親の自宅を管理するとします。信託登記をすると、民法上の所有権は父親から子に移転するため、認知症などで父親が判断能力をなくした場合、長男の判断で売却や建て替えなどが行えます。

しかし、信託財産の所有権が長男に移っても、

家族信託の基本的なしくみ

●民法上の所有権者は受託者、納税義務者は受益者となる

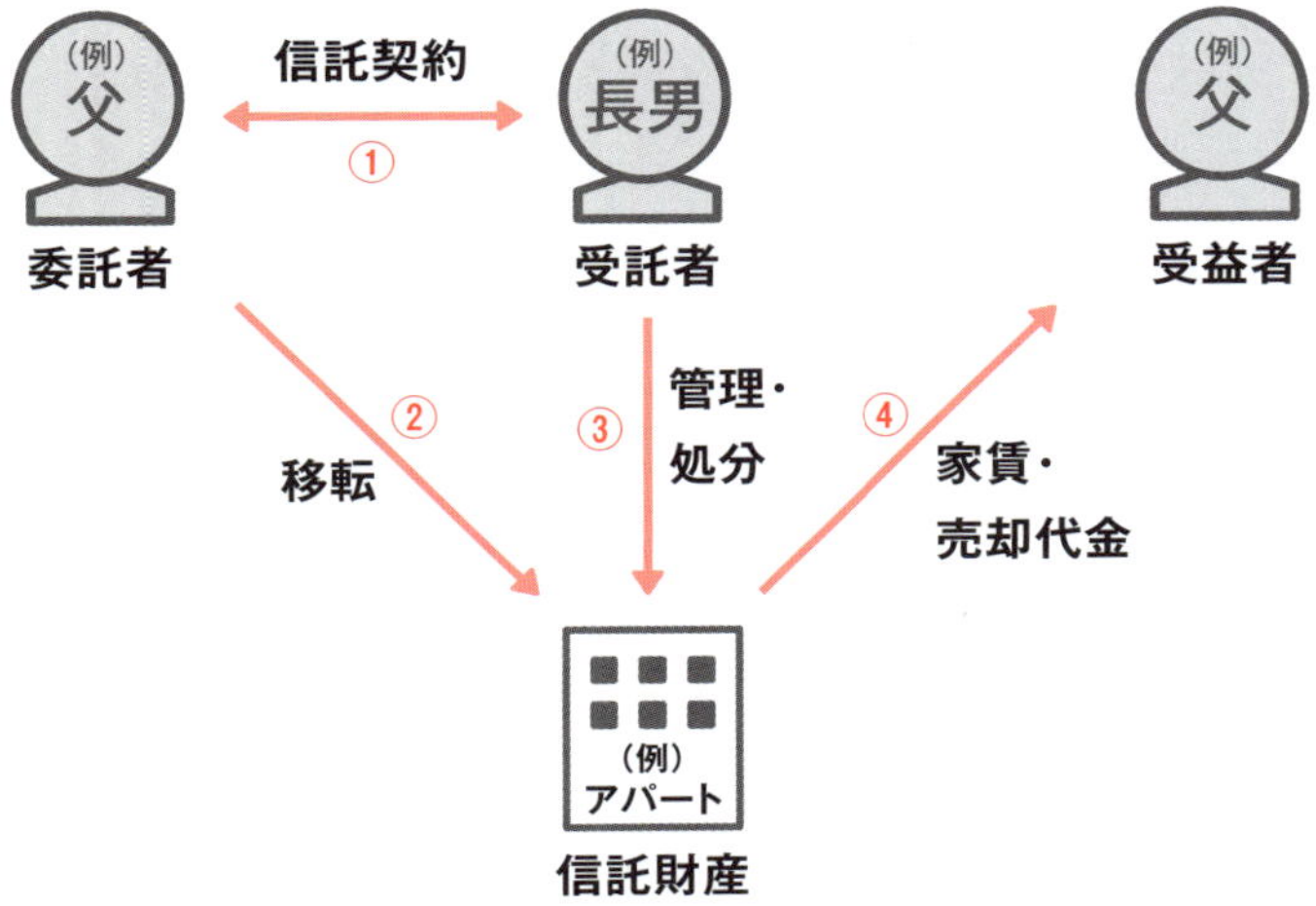

①父の所有するアパートの名義を長男に移転し、管理処分を任せ、その家賃や売却代金は父が受け取るという内容の信託契約を締結する。これにより父が認知症等になった場合でもアパートの管理・処分に支障がなくなる
②アパートの所有権が信託財産として長男に移る
③長男は託されたアパートの管理・処分を行う
④家賃収入等については委託者である父親に申告と納税の義務がある。アパートの家賃や売却代金は受益者である父親に渡す

父親から管理や運用を託されただけです。運用利益などが出た場合、受益者は父親となります。そのため、税務上は父親が所有者とみなされ、相続税や贈与税は長男に信託した時点では発生しません。父親の死亡時に相続税の課税対象となります。

家族信託のメリット

①認知症への備えになる

親が認知症になっても、資産が凍結されず、受託者が財産の管理・処分ができるようになります。受託者などの家族が望む財産の有効活用、空き家対策、相続税対策なども可能となります。

②遺産の承継を何世代にも指定できる

受託者の判断で1次相続だけでなく、委託者本人の死後の2次相続以降の財産承継者まで決定できます。これにより、親の死亡後、相続関係が複雑な家庭（前妻と後妻との間に子がいるケース）などの資産承継もスムーズに進められます。

③共有不動産のトラブル回避ができる

共有不動産は共有者全員の合意と協力がなければ売却や活用できません。そこで共有不動産の管理処分権限を受託者1人に集約し、不動産収入は複数の受益者で分かち合うことで、共有不動産をめぐる将来のトラブル回避が可能になります。

④事業承継に利用できる

株式信託の利用で、経営権を自分に残したまま財産権だけを子に移転したり、財産権を自分の手元に残しておいて、認知症などになったときは、子が経営権を行使するようにできたりします。

⑤倒産隔離機能がある

前記のとおり、信託財産は受託者名義になりますが、受託者の固有財産でもない状態になります。そのため、委託者や受託者が倒産しても、その影響を受けずに済みます。

家族信託には優れた財産管理機能がありますが、左ページのようなデメリットに注意してください。

家族信託のデメリット

●家族信託は相続対策より争族対策がメイン

①損益通算ができなくなる

アパートなどの収益物件を信託財産とした場合、この信託不動産の赤字は税務上なかったものとみなされる。つまり、信託不動産に関する損失は信託財産以外の所得と損益通算することができず、その損失の翌年への繰越しもできない。さらに、複数の物件に信託契約がある場合でも、それぞれの信託契約物件間の損益通算もできない

②信託税制が複雑で申告の手間がかかる

信託の税制は複雑で難しく、信託の設定のしかたを間違うと贈与税が課されてしまう可能性もある。また、年間3万円以上の信託財産による収入がある場合は、信託計算書･信託計算書合計表を毎年1月31日までに税務署に提出し、確定申告の際に不動産所得用の明細書のほかに、信託財産に関する明細書を作成して添付する必要がある

③家族信託を組むだけでは節税効果がない

家族信託だけでは相続発生時における財産評価の減額効果は得られない。家族信託は遺産争いの予防も含む財産管理の手法と考え、相続税対策が必要な場合には、ほかの対策を講じる必要がある

④長期にわたり当事者を拘束

委託者本人の死後においても、2次相続以降の財産承継者まで自分1人で決定することができるが、何世代にもまたがって資産の処分に制限をかけるようなことになる可能性も。信託契約は永続性があるため、間違った内容で契約設定してしまうと、かえって争族や不測の事態を誘発するリスクがある

⑤信託そのもののしくみが難しい

信託のしくみは難しく、理解するのに時間がかかる。また、新しい制度なため、信託を正しく設定できる専門家が少ない

アイデア

67

認知症の備えには家族信託を利用しよう

認知症が悪化すると、資産が凍結されてしまう。これには任意後見制度の利用や家族信託契約を結ぶことで対応する。

認知症になったときの問題は？

厚生労働省の推計によれば、２０２５年には認知症患者は約７００万人に上り、65歳以上の実に５人に１人が認知症という世の中になると言われています。

親が認知症になると、介護を誰が担うか、施設に入居するとして費用を誰が負担するか、兄弟でもめることになりがちです。それが遺産相続の争いにもつながります。介護に使える財産を持っているのに、本人が認知症のため動かせず、有効に使えていない高齢者がたくさんいるのです。

認知症や脳梗塞などで本人の判断能力が低下すると、資産が凍結されてしまい、相続対策も着手しにくくなります。具体的には、左ページの図表の行為が禁じられます。

任意後見制度と家族信託契約

こうした認知症対策として、まず考えられるのが成年後見制度の一つである任意後見制度の利用です。被相続人が元気なうちに、財産を管理する後見人を選定しておく制度です。

成年後見制度で預貯金の出し入れはできるようになりますが、財産は裁判所の監督下に置かれ、

認知症が悪化するとできないこと

●法律的な義務や権利が生じる行為は禁止に

① 不動産の売買や賃貸借
② 不動産の担保提供
③ 不動産の修繕
④ 預金の引き出し、振込、定期預金の解約
⑤ 遺産分割協議書への参加
⑥ 贈与(子や孫に渡す)
⑦ 保険契約、保険受け取り
⑧ 議決権の行使

財産保全が求められるため、使い勝手は良くありません。後見人がアパートの修繕や売却をすることも原則としてできません。

成年後見制度は本人の財産を守ることが目的であり、財産の運用などは目的ではないからです。売却には家庭裁判所の許可が必要であり、売却したお金で介護施設に入居するなどの理由がなければ、原則として許可は下りません。

そこで注目されているのが、前項でお話しした家族信託です。たとえば、父が息子に不動産の管理・運用を委託して任せます。ただし、その財産から生み出される利益を得るのは父親です。委託された不動産の名義は、息子のものになりますが、実際の所有権が息子のものになるわけではないからです。息子は信託契約の際に決められた範囲内で自由に財産の運用や売却ができるようになり、得た地代家賃や売却代金は父親のものになります。

アイデア

68

自立できない子を持つ家族の相続対策

家族信託を利用することにより、親亡き後も、自立していない子を支えて円満な資産承継が可能となる。

自立できない子を受益者に家族信託

障害を抱えていたり、引きこもりの子どもを持つ親の心情は察するに余りあります。自分が元気なうちはまだよいとして、問題は高齢になったときのことでしょう。

自身の介護や認知症の心配もありますが、病気になったり、亡くなった後、子どもが一人で生活していけるのか。子どもに兄弟姉妹がいても、できるだけ負担はかけたくないことでしょう。

財産を残すにしても、障害があれば、自分で財産管理を行うのは難しいものと思われます。たんに自分たちが死んだ後に備えて、十分な財産を用意するだけでは解決しません。

かといって、仮に次男に障害があったとして、長男に全財産を渡して、次男の面倒を一生見るように遺言しても、その保証はありません。

このような場合、財産を所有している親が委託者となり、長男または信頼できる親族などを受託者とし、家族信託を利用するのがよいでしょう。

そして、当初は親が、親の死後は自立していない子が受益者となるように家族信託を組みます。次男が死亡した場合、信託契約を終了して、残った財産は長男に渡るようにしましょう。

自立できない子のための家族信託

●必要な子に確実に財産が届くしくみづくり

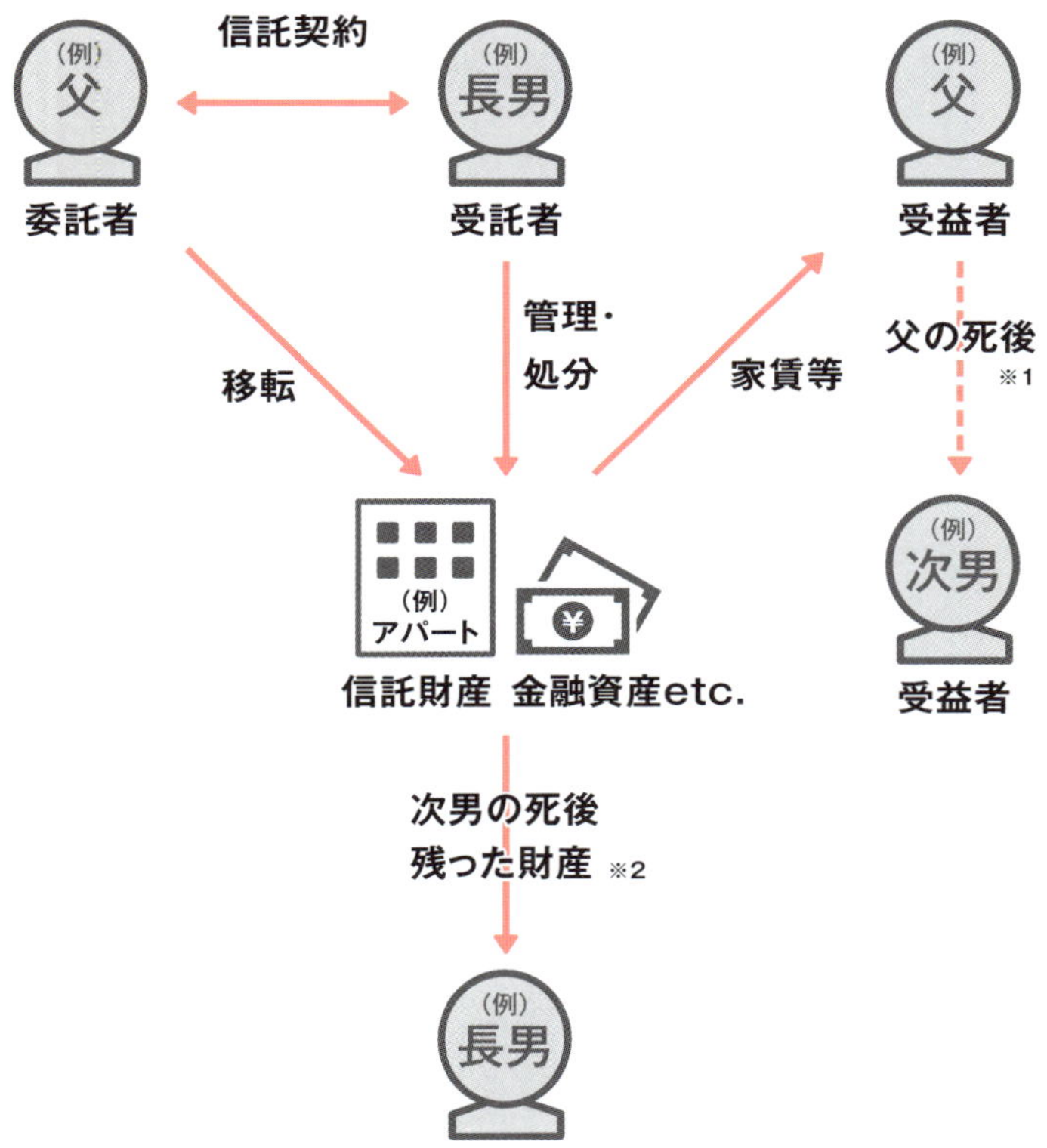

※1 受益者には当初は親が、親の死後は自立していない子がなる

※2 次男が亡くなった後は信託契約を終了して、残った財産は長男が取得する

アイデア

69

子どものいない家族の相続対策

配偶者に確実に遺産を残したい場合は、遺言が必要となる。配偶者の死後、他人の手に財産が渡らないようにするには、家族信託を利用するとよい。

遺言で配偶者に財産を残す

子どもがいない夫婦が相続について考える場合には、まず、誰が法定相続人になるのかを知っておきましょう。知らないうちに相続が開始してしまうと、思いもよらぬ人が相続人になってしまい、厄介なことが起こりかねません。

①被相続人の父母がいる場合には、その父母および配偶者が法定相続人

②被相続人の父母は死亡していて、兄弟姉妹がいる場合は、その兄弟姉妹と被相続人の配偶者が法定相続人

③被相続人の兄弟姉妹は亡くなったが、その子（甥・姪）がいる場合には、その甥・姪と妻が法定相続人

被相続人の親はすでに亡くなっていたとしても、兄弟姉妹や甥・姪がいるケースはよく見られます。兄弟姉妹（または甥・姪）の法定相続分は4分の1です。もしも、法定相続分に相当する財産を渡すように求められたりすると、住宅を売却せざるを得ない事態もあり得ます。

仲の良い兄弟姉妹であれば、ふつうは相続権を主張したりしないのですが、あまり仲違いをしていたり、疎遠だった兄弟姉妹ほど、相続権を主張

することが多いものです。

このようなことが起こらないようにするためには、夫が生前に遺言書を作成しておくべきです。遺言書に「妻にすべての財産を相続させる」と書いておくだけでかまいません。

兄弟姉妹には遺留分がありませんから、これで遺産に対して一切の請求をすることができなくなります。

子どもがいない夫婦は、自分が死ねば当然配偶者が全財産を相続できると思い込んでいて、遺言書をつくろうとしないことが多いので注意してください。

家族信託で配偶者に受益権を残す

自分が亡くなった後に妻が自分の財産を相続して生活していくこと自体には、何の不満もないと思います。

しかし、その後、妻が再婚して亡くなると、自分の財産がその夫のものになってしまう可能性があります。また、再婚しないまま、妻が亡くなった場合には、その財産は妻の兄弟姉妹または甥・姪が相続してしまう可能性があります。

自分が亡くなった後に妻が自分の財産を相続して生活していくことには賛成でも、妻の死亡後に自分の財産が他人のものになるのは避けたいと考える人は少なくありません。

家族信託を使えば、自分の残した不動産を妻が相続し、その後は自分の先妻との子、あるいは自分の甥などに相続させることもできます。

たとえば、不動産の受託者は先妻との子、受益者は最初は自分、自分の死後は妻、妻が死亡後は先妻との子にして、不動産を信託するようなことができるのです。

この章で紹介した16のアイデア

54□相続争いは絶対に回避しよう
55□介護の特別寄与料を請求しよう
56□遺言書などで自分の意思を伝えておこう
57□遺言書が必要なケースを理解しよう
58□遺留分を考慮して遺産を分割しよう
59□遺留分は生前に放棄してもらうことができる
60□農地は生前に一括贈与しよう
61□分割できる財産がないときは生命保険を利用しよう
62□配偶者は自宅に終身住み続けることができる
63□残された妻の上手な相続の方法は？
64□家を継ぐ者の上手な相続の方法は？
65□家を出た子の上手な相続の方法は？
66□家族信託の活用で遺言書以上の対策が可能に
67□認知症の備えには家族信託を利用しよう
68□自立できない子を持つ家族の相続対策
69□子どものいない家族の相続対策

第6章

有利に納税するためのアイデア

アイデア

70

給与の支払いで納税資金の準備をしよう

給与の支払いなら贈与よりも税負担が軽く、法人税・所得税の節税もできる。
給与支払いと贈与を併せて実行しよう。

贈与税の基礎控除と給与の控除

会社経営者や個人事業者は、相続人となる妻や子に給与を払うことで、相続税の納税資金を準備できます。現在事業を行っていなくても、相続税対策を目的としたアパート・マンション経営で事業者になることができます。

会社経営者は妻や子に支払った給料を会社の損金に算入できます。また、個人事業者も専従者給与を必要経費にできます。このように妻や子に給与を支払えば、合法的な所得の分散となって、法人税や所得税を節税できるのです。また、給与を支払うことで、相続人への財産の移転が行え、相続税の節税および納税資金の準備にもなります。

給与を支払えば、受け取る側に所得税がかかりますが、所得税の負担は贈与税と比べるとかなり軽くなっています。所得税の速算表（252ページ）と贈与税（253ページ）の速算表を比較してみればわかるように、受け取る金額にもよりますが、所得税の税率のほうがおおむね5～15%前後、低めに設定されています。

ところで、贈与には110万円の基礎控除があり、給与には103万円（給与所得控除額と基礎控除額の合計）の控除があります。

そのため、贈与と給与の支払いのいずれも実行すれば、贈与税の基礎控除と給与の控除の両方を受けることができ、合わせて213万円までは無税で財産の移転ができることになります。相続税対策と納税資金対策としてかなり大きな効果が期待できます。

給与を支払って納税資金を準備する

●贈与税より所得税の負担が軽いことを利用

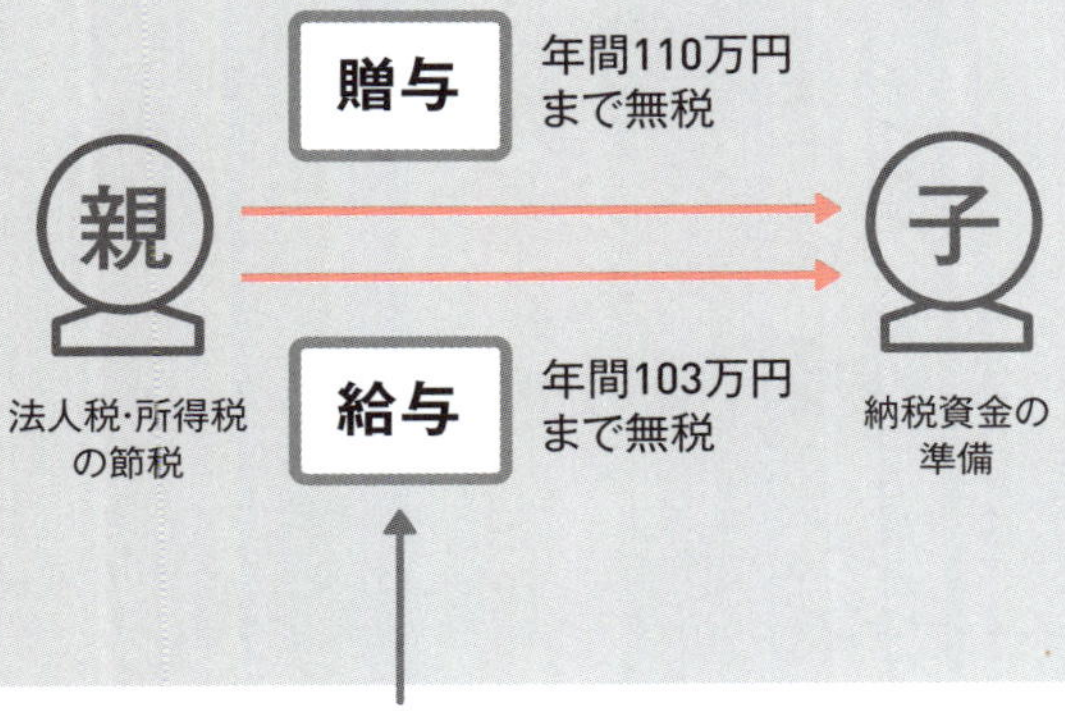

個人事業者の場合

白色申告者の場合	専従者控除 （最高で年額86万円まで）
青色申告者の場合	青色事業者専従者給与 （労務の対価として相当な額であれば全額が必要経費となる）

会社の場合

子が役員の場合	役員報酬 （原則として損金に算入されるが、不相応に高額な部分は損金不算入）
子が使用人の場合	給料 （原則として損金に参入）

アイデア

71

生命保険で納税資金の準備をしよう

生命保険は本来の目的以外に、相続対策としてもいろいろ利用できる。納税資金の準備にも活用しよう。

納税資金を準備する基本的な方法

生命保険をかける目的として、次の4つが考えられます。

①万が一の場合には、遺族が生命保険金を受け取って、それをその後の生活資金にする

②相続税の納税資金の準備に役立てる

③相続財産について、土地や建物など分割が困難な資産が大部分を占めている場合に、分割用の財産とする

④相続税の節税対策に利用する

この中で、かなりの財産がある人にとって最も重要な目的が、②の「納税資金の準備」にあることは言うまでもありません。相続税の支払いのために、大切な不動産をしかたなしに売却したり、そのために高い所得税がかかったりすることがないように、生命保険をぜひ利用しましょう。

生命保険金には、相続人1人あたり500万円の非課税枠がありますので、これを上手に活用してください（40ページ）。

たとえば、妻と子が3人いる場合には、生命保険金のうち2000万円までは相続税がかかりません。この場合には、納税資金計画を立てて、最低でも2000万円以上の保険をかけるようにすべきでしょう。

なお、生命保険金が相続財産となって、相続人1人あたり500万円の非課税の取り扱いを受けられるのは、保険料負担者が被相続人で、受取人が相続人の場合だけですので注意しましょう。次項を参照してください。

納税資金を確保するための方法

●生命保険の利用も検討してみよう

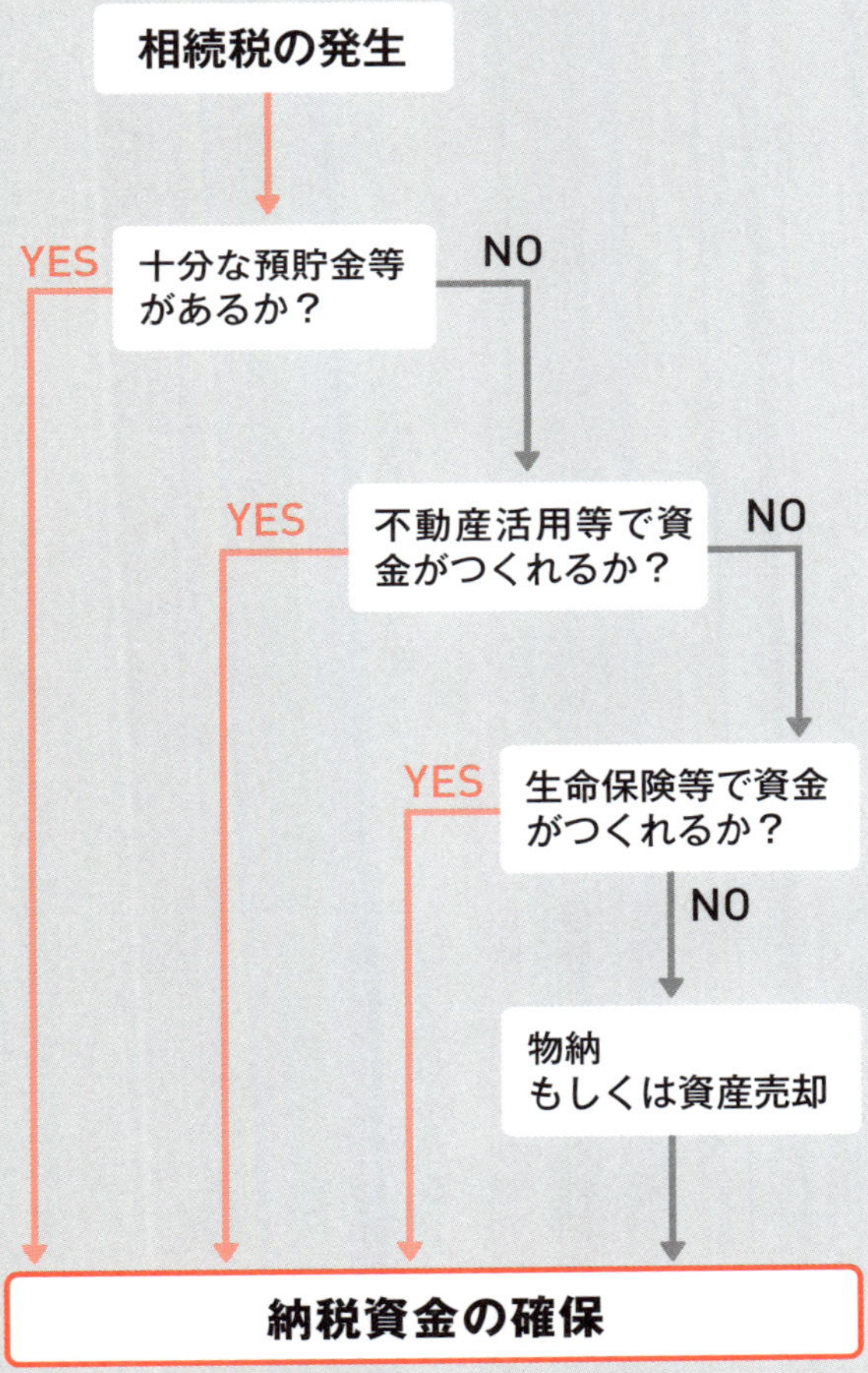

Point

財産を売却などで減らさないように、納税資金は生命保険で準備しておこう

アイデア

72

生命保険の契約内容に注意しよう

契約のしかたによっては、受け取った生命保険金に贈与税がかかることもある。契約時にはよく注意しよう。

保険料を負担したのは誰かが問題

保険契約をすれば、契約者が保険料を支払うのがふつうですが、実際には契約者以外の人が保険料を払うこともあります。

保険契約の関係者には「被保険者」「保険契約者」「保険料負担者」「保険金受取人」がいます。

税法においては、保険契約者が誰であるかは関係がなく、保険料負担者が誰であるかを問題とします。さらに、被保険者、保険料負担者、保険金受取人が誰であるかによって、かかる税金も違ってきます。

①保険料負担者が被相続人の場合
⇓相続税がかかる

②保険料負担者が被相続人以外で、
保険料負担者と保険金受取人が同一の場合
⇓所得税がかかる

保険金を一時金として受け取れば、一時所得になります。年金として受け取れば、雑所得になります。雑所得の計算においては、毎年受け取る金額が収入金額となり、支払った保険料の一定額が必要経費になります。

③保険料負担者が被相続人以外で、
保険料負担者と保険金受取人が異なる場合

生命保険の契約内容と税金の関係

●保険料負担者と保険金受取人の関係が重要

	パターン1	パターン2	パターン3
被保険者	夫	夫	夫
保険料負担者	夫	子	妻
保険金受取人	子	子	子
かかる税金	相続税	所得税	贈与税

Point

相続税の非課税枠が利用できるのは、保険料負担者が被相続人で、受取人が相続人の場合だけなので注意しよう

⇒贈与税がかかる

受け取る保険金が保険料負担者から保険金受取

人への贈与として扱われ、大変な税金を負担することになります。くれぐれも注意してください。

アイデア

73

生命保険は一時所得として受け取ろう

一時所得なら税負担は最高で27・5％。資産家にとっては生命保険金が相続財産になるより、一時所得になったほうが、税金が少なくて済む。

相続税と所得税のどちらを払うべきか

前項で説明したように、生命保険の被保険者と保険料負担者が親（被相続人）で、受取人が子（相続人）であれば、死亡保険金は相続財産とされて相続税がかかります。また、被保険者が親（被相続人）で、保険料負担者と保険金の受取人を子（相続人）にすれば、死亡保険金は一時所得となって所得税がかかります。

それでは、相続税と所得税のどちらを払うほうが有利でしょうか。

死亡保険金を受け取ったときの一時所得の金額は、受け取った保険金額から払込保険料と50万円の特別控除を差し引いた金額の2分の1です。そして、この一時所得の金額とほかの所得を合算して所得税が課税されることになります。

ここで注目すべきは、一時所得の計算にあたって、保険料と50万円の控除後の保険金額に、2分の1を掛ける点です。2分の1を掛けるということは、保険金を受け取ったときの所得税の実質的な負担は半分になるということです。

課税所得金額が4000万円を超える高額所得者であっても、実質的には最高で27・5％（所得税45％と住民税10％の合計の2分の1）の税負担で済んでしまいます。

一方、相続税の税率は、各相続人の取得した財産価額が５０００万円超１億円以下で30％、１億円超２億円以下で40％にもなります。

一時所得とするか？ 相続財産とするか？

● 相続財産の評価が5000万円超かどうかで判断

保険金を受け取ったときの一時所得の額

一時所得の金額 ＝ （受け取った保険金額 － 払込保険料 － 特別控除（50万円）） × $\frac{1}{2}$

一時所得となった場合（所得税の税率）

課税所得金額が1800万円を超す高額所得者でも、

（所得税45％ ＋ 住民税10％）× $\frac{1}{2}$ → **27.5％**（これが最高税率）

※復興特別所得税は考慮していません

相続財産となった場合（相続税の税率）

取得財産の評価額が…

3000万円超5000万円以下	20％
5000万円超1億円以下	30％
1億円超3億円以下	40％

Point

相続財産の評価額が5000万円を超えるなら、生命保険の保険金は一時所得となるようにしたほうがトク

アイデア

74

生命保険の加入のしかたを工夫しよう

非課税枠は必ず利用し、相続税の税率が30％を超えるようなら、子が保険料を負担して、生命保険金を一時所得としよう。

生命保険と4つの節税ポイント

生命保険の上手な加入のしかたは、まず、非課税枠（500万円×法定相続人数）までは、被相続人が保険料を負担して、保険金が相続財産とみなされるようにします。

次に、各相続人の法定取得財産が5000万円を超えると相続税の税率は30％になるので、目安として法定取得財産が5000万円を超えるようであれば、相続人である妻や子が保険料を負担するようにします。これで生命保険金を一時所得として受け取ることができるようになります。

妻や子が生命保険の保険料を負担する場合、親から毎年保険料を支払うための資金の贈与を受けるようにします。これによって相続財産が減少します。

また、生命保険金が子の一時所得となるので、保険金は相続財産にはなりません。

さらに、一時所得として所得税・住民税がかかりますが、相続税よりも実質的な税率は低いので、保険金にかかる税金の節税ができます。

なお、保険料相当額の現金を毎年贈与する場合には、①贈与契約書を毎年つくる、②贈与金額が年間110万円を超えたら贈与税の申告をする、

③贈与金額は子の銀行口座に振り込み、保険料も子の銀行口座を通して払い込む、などの方法により、贈与の証拠を残しておく必要があります。

また、連年贈与（74ページ）として、最初からその全額を贈与する意思があったものとみなされることがないように注意してください。

生命保険を使った4つの節税ポイント

●一時所得にすると、相続税より低税率で済む

ポイント1　非課税枠を利用する

非課税枠（500万円×法定相続人数）までは、被相続人が保険料を負担する

ポイント2　妻や子が保険料を負担する

法定取得財産が5000万円を超えるようなら、妻や子が保険料を負担する

ポイント3　保険料分の資金の贈与を受ける

妻や子が保険料を負担する場合は保険料相当額を贈与して相続財産を減らす

ポイント4　保険金は一時所得とする

上記により、保険金を一時的所得として受け取れるようになり、相続財産とせずに済む

Point

相続税対策をきちんとやっておけば、自分の財産を守って子孫に残すことができる

アイデア

75

経営者保険を活用しよう

同族会社を経営している人であれば、個人で加入する生命保険のほかに、経営者保険に加入して、会社が受け取った保険金は退職金に充てよう。

退職金の非課税枠を利用する

同族会社を経営している人であれば、経営者保険に加入して、会社の節税をしながら、相続税の納税資金を準備することができます。

経営者保険とは、会社が経営者に保険金をかけて、経営者が亡くなったときに会社が保険金を受け取り、退職金に充てるものです。

退職金には、生命保険とは別に相続人1人あたり500万円が非課税になるという相続税法上の特典があります。たとえば、妻と子が3人いるとすると、退職金を2000万円（500万円×4人）受け取ったとしても、相続税はまったくかかりません。

この場合、個人で生命保険に2000万円、会社で経営者保険に2000万円加入すると、保険金と退職金を合わせて4000万円を受け取っても相続税がかからないことになります。

したがって、同族会社を経営している場合には、少なくとも退職金の非課税枠までは、経営者保険に加入しておくべきです。

個人の生命保険では、所得税の計算において生命保険料控除として最大5万円しか控除を受けられません。

これに対して、経営者保険は会社が契約者になるため、保険料のうちの積立部分を除いて、保険料の全額を会社の損金に算入できるというメリットもあります。

なお、役員に対して支払われた退職金は、原則として会社の損金に算入されますが、過大な役員退職金は、その過大部分が損金にならないので注意してください。

経営者保険のしくみ

●会社が保険の契約者になる

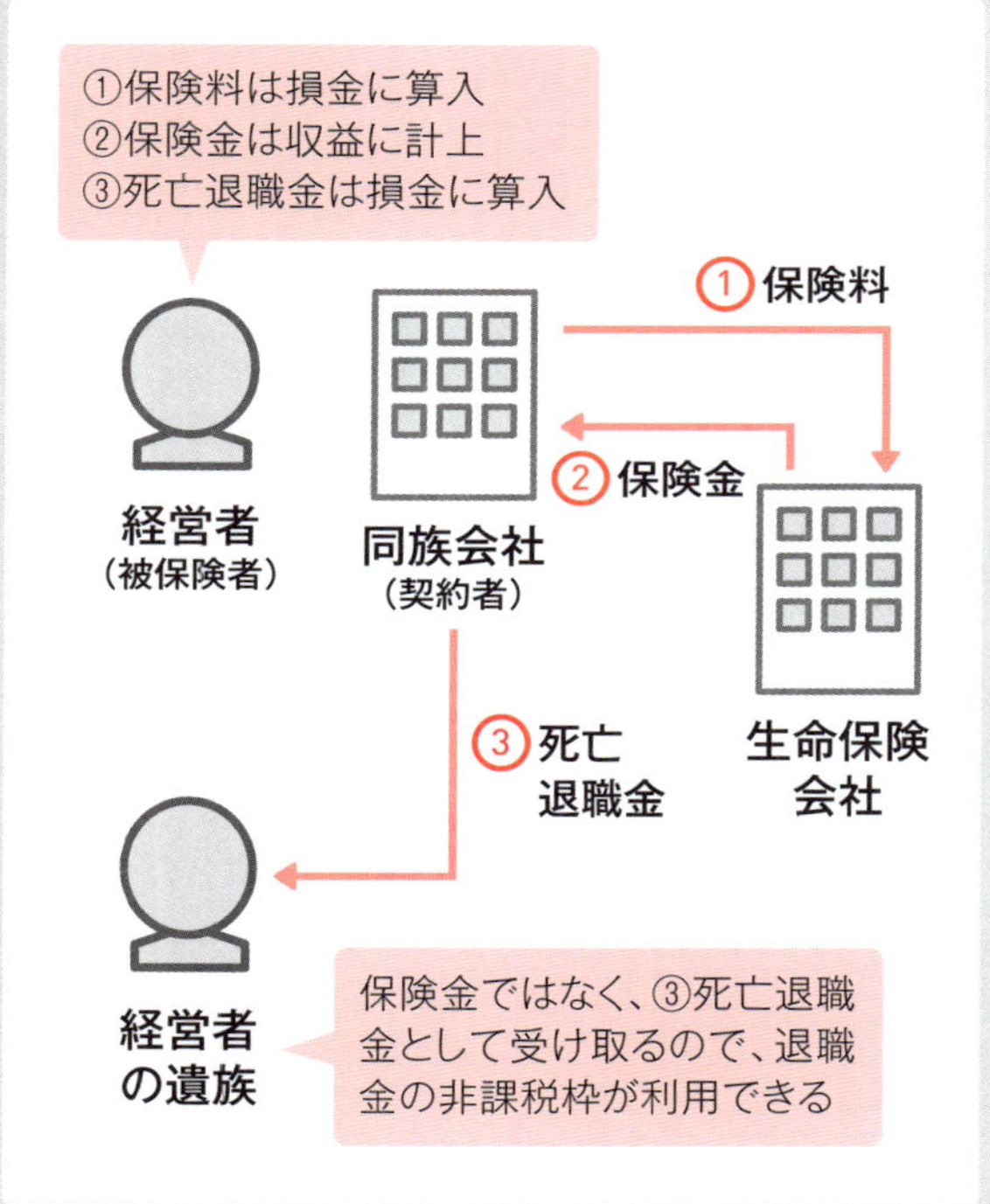

相続財産に加算される退職金の額

＝ 受け取った退職金の額 － 500万円 × 法定相続人の数

Point

同族会社を経営しているなら、少なくとも退職金の非課税枠までは経営者保険に加入しておこう

アイデア

76

相続税の納付には延納という方法もある

現在、延納の利子税の年割合は低い。この延納を、不動産を売却するまで利用し、売却代金で未納税分を納める方法もあるので上手に利用しよう。

延納するにも条件がある

相続税は、原則として、相続開始の日から10カ月以内に一括して現金で納付することになっています。

しかし、相続税は人によっては多額になること、また相続財産に現金預金や有価証券など、すぐに納税資金として使えるものがあるとは限らないので、延納も認められています。延納とは年賦による分割納付のことです。

延納が認められるためには、①相続税額が10万円を超えること、②納期限までに金銭で納付するのが困難であること、③担保を提供すること（延納額が50万円未満で期間が3年以下の場合には不要）の3つが条件となっています。

延納の担保として提供できる財産の種類は、①国債および地方債、②社債、その他の有価証券で税務署長が確実と認めるもの、③土地、④建物、立木、登記される船舶などで、保険に付したもの、⑤税務署長が確実と認める保証人の保証、などに限られます。

ただし、延納すると利子税がかかります。利子税の年割合は延納期間などによって、左ページの図表のように、原則として3・6％から6・0％となっていますが、現在は市中金利が低いため、0・7%から1・3%の特例利子税率になっています。そのため、納税資金が不足する場合はいったん

延納にしておき、有利な条件の買い手が現れたところで不動産を売却。延納を取りやめて、その売却代金で納付するという方法も有効です。

延納したときにかかる利子税は?

●現在は延納しても、特例により低金利

不動産等の価額の占める割合	財産の区分	延納期間	原則利子税率	特例利子税率
50%未満	――――	5年	6.0%	1.3%
50%以上	不動産等	15年	3.6%	0.7%
	その他	10年	5.4%	1.1%
75%以上	不動産等	20年	3.6%	0.7%
	その他	10年	5.4%	1.1%

不動産等とは、
①不動産
②不動産の上に存する権利
③立木
④事業用の減価償却資産
⑤特定同族会社の株式・出資
のこと

特例利子税率＝原則利子税率 × 延納特例基準割合※ ÷ 7.3%
※延納特例基準割合とは、各分納期間の開始の日の属する年の前々年の10月から前年の9月までの各月における銀行の新規の短期貸出約定平均金利の合計を12で除して得た割合として、各年の前年の12月15日までに財務大臣が告示する割合に、年1%の割合を加算した割合。上の表では、2018年1月1日現在の「延納特例基準割合」1.6%で計算している

Point

延納したときにかかる利子税は意外に低いが、費用にはならないので注意しよう

アイデア

77

相続税の納付には物納という方法もある

相続によって取得した一定の財産のうち、管理と処分が容易なものだけが物納できる。物納するには事前の準備が大切になる。

延納でも納付できないことが条件

物納とは相続税を金銭ではなく、モノ（金銭以外の財産）で納めることです。

物納はどんな場合でも許可されるわけではありません。相続税は原則として、金銭で一括して納付することになっています。一括納付が困難な場合には延納により納付し、延納によっても納付が難しい場合にだけ、物納の申請ができることになっています。

そのうえ、物納できる財産にも制限があります。まず、相続によって取得した財産に限られます。相続以前から自分で所有していた財産による物納はできません。また、種類にも制限があって、

①国債および地方債
②不動産および船舶
③社債および株式並びに証券投資信託または貸付信託の受益証券
④動産

に限られます。

さらに管理処分が容易な財産でなければなりません。物納で受け入れた財産は、国が換金し、その代金を税収に充てるため、管理・処分不適当と判断された場合には、物納財産の変更を要求され

ることになります。

このように物納するにはいろいろな条件をクリアする必要があります。事前の準備が肝要です。

路線価以下でしか売れない土地や底地、不動産を売りたくてもなかなか売れないときなどには、物納を利用するとよいでしょう。

物納できる財産・できない財産

●管理処分が困難な財産による物納は不許可

物納できる財産の例

- 自宅の底地
- 老朽アパートの底地
- 貸宅地の底地
- 建物と共にする借地権
- マンション（一棟、一戸でも可）
- 耕作権の設定されていない農地
- 駐車場
- 相続した財産を処分して取得した財産
- 相続開始前3年以内に贈与を受けた財産
- 自社株

物納できない財産の例

- ゴルフ会員権
- 貸付金などの債権
- 質権・抵当権、その他の担保権の目的となっている財産
- 所有権の帰属・境界などについて係争中の財産
- 共有財産（共有者全員が持分を物納する場合を除く）
- 譲渡に関して法令に特別の定めのある財産
- 買い戻し特約登記等のある不動産
- 売却できる見込みのない不動産
- ほかの財産と一体として効用を有する不動産
- 現状を維持するために築造・修理が必要な建物
- 今後数年以内の使用に耐えられないと認められる建物

Point

物納の条件は厳しい。物納を考えているなら事前に準備をしておこう

アイデア

78

物納が有利かどうか検討しよう

物納のほうが有利かどうかは、財産の相続税評価額と正味手取価額を比較して決める。必ず事前に試算してみよう。

物納が有利とは限らない

更地のような物納に適した財産があるからといって、必ずしもそれを物納したほうが有利になるとは限りません。その更地を売却して、金銭で納付したほうがトクすることもあります。

物納するのと、売却して金銭で納付するのと、どちらが有利になるかを判断するには、その財産の「相続税評価額」と「正味手取価額」を比較して決定します。

税務署が物納された財産を受け入れるときの算定価額は相続税評価額です。物納財産は相続税を計算するときに、その計算の基礎となった価額で評価されるのです。土地であれば、路線価方式または倍率方式によって評価した金額ということになります（99ページ）。

一方、正味手取価額とは、その財産の売却可能価額から、仲介手数料などの譲渡費用と売却時にかかる所得税・住民税を差し引いて手元に残る金額のことです。

両者を比較して、相続税評価額のほうが正味手取価額よりも高い場合は、物納を選択したほうが有利。正味手取価額のほうが相続税評価額よりも高い場合は、その財産を売却して金銭で納付した

物納を選択すべきかの判断基準

●必ず試算をしてみて判断しよう

物納すべきかどうかは、その財産の **相続税評価額** と **正味手取価額** を比較して決定する

相続税評価額 ＞ **正味手取価額** ➡ **物納が有利**

相続税評価額 ＜ **正味手取価額** ➡ **金銭納付が有利**

相続税評価額

①小規模宅地等の特例を受けた土地は、その特例を受けた後の金額が評価額となる

②物納財産の収納時までに、その財産の状況に著しい変化があった場合には、収納時の現況によってその財産の収納価額を定める

例
- ア. 土地の地目変更があった場合
- イ. 建物の損壊、または増築があった場合
- ウ. 自家用家屋が貸家となった場合
- エ. 株式の評価額が災害等により著しく低下した場合

正味手取価額

正味手取価額 ＝ 売却可能価額 －（譲渡費用 ＋ 所得税および住民税）

※申告期限後3年以内の売却では「相続税の取得費加算の特例」（226ページ）も考慮する

ほうが有利ということになります。

なお、物納した財産については、譲渡がなかったものとして、所得税がかからないことになっています。

アイデア

79

延納・物納の変更制度を利用しよう

延納をした場合であっても、申告期限から10年以内であれば物納へ変更できる。
また物納から延納への変更も、一定の条件を満たしていればできる。

特定物納制度を利用しよう

延納の許可を受けた相続税額について、その後に延納条件を履行することが困難となった場合には、申告期限から10年以内に限り、分納期限が未到来の税額部分について、延納から物納への変更が可能です。これを特定物納制度といいます。

特定物納した財産の収納価額は、特定物納申請書を提出した時の価額になります。

したがって、延納による支払いが難しくなったときや、相続した不動産などの価額が上昇したときなどは、延納から物納への変更を検討してみましょう。

一方、物納の申請をしていても、その許可が下りるまでは、いつでもその物納の申請を取り下げることができます。

また、物納の許可が下りた後でも、以下の３つの要件を満たす場合には、物納を撤回して金銭で納付することもできます。

①物納許可後1年以内である

②撤回しようとする財産が賃借権など、その不動産を利用するための権利が付された不動産である

③その不動産が現に存在する

物納が撤回された場合、その相続税額を一括納付するのが原則ですが、困難なときは延納に変更することもできます。

そこで、とりあえず物納の申請だけは出しておき、物納申請した不動産が有利な価額で売れ、相続税評価額以上の正味手取価額がある場合には、申請を取り下げ、その不動産を売却して金銭で納付するのが上手なやり方です。売却が進まなければ、改めて延納に切り替えることも考えられます。

物納は許可後でもやめることができる

●延納から物納への変更もOK

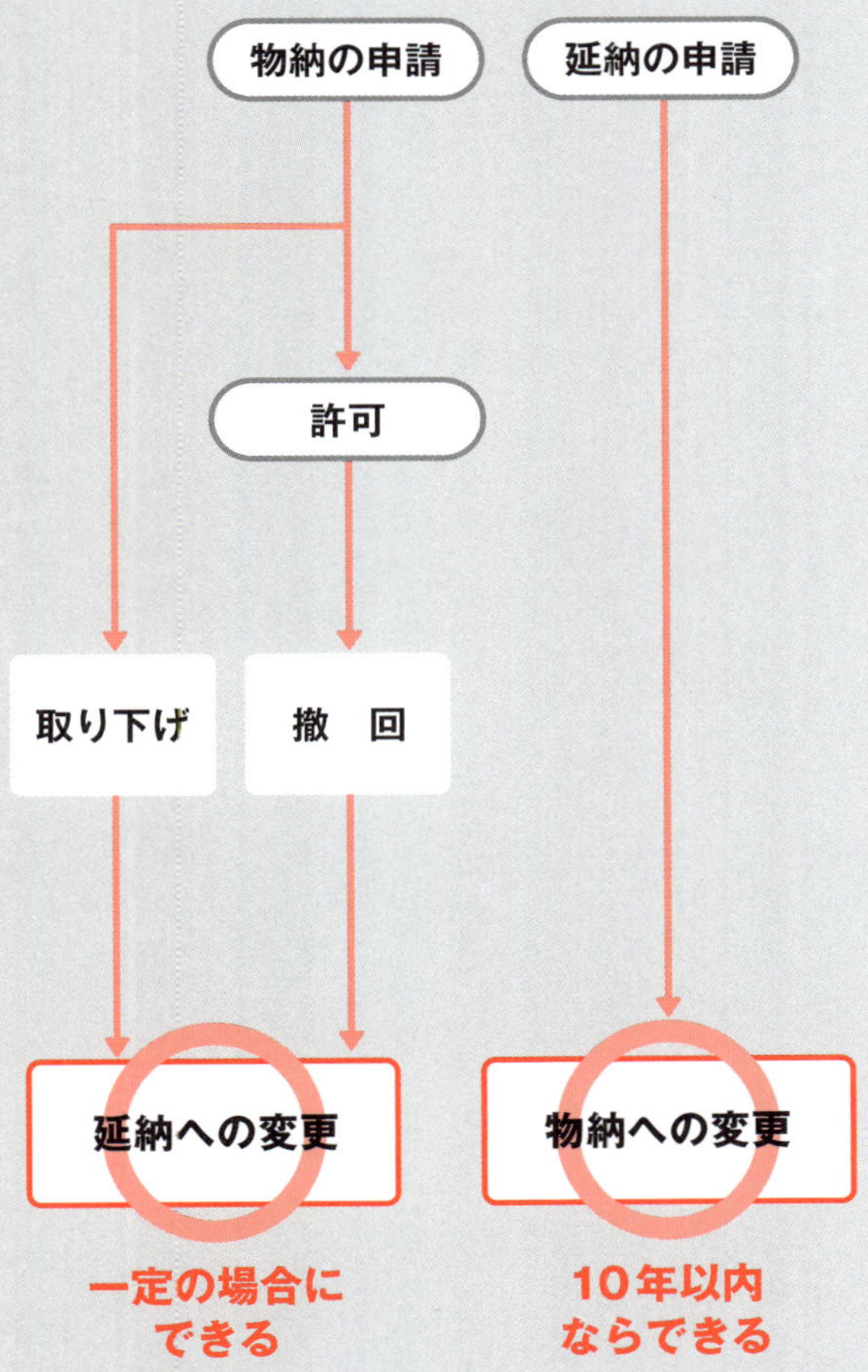

Point

状況に応じて延納から物納へ、物納から延納へと都合の良いほうへ変更しよう

アイデア

80

貸貸宅地を物納しよう

貸宅地は実勢価額よりも割高に評価される。そこで貸宅地は物納に充てることを考え、物納できないようなら早めに処分したほうがよい。

事前に条件を整備しておくこと

貸宅地は相続税のことを考えると最も不利な財産のうちの一つです。なぜなら相続税法上、実勢価額（処分価額）よりも、はるかに高く評価されてしまうのが一般的だからです。しかも、貸宅地を処分しようとしても、容易に処分できません。

けれども、物納財産は国が相続税評価額で収納することになっていて、相続税評価額よりも実勢価格がずっと低い財産でも、相続税評価額で引き取ってくれます。そのため、貸宅地は持っているよりも、物納に持ち込むのが上手なやり方です。

ただし、貸宅地の物納には多くの条件があって、簡単にはいきません。早めに物納の条件がクリアできるように準備しておくことが大切です。

まず、契約内容が明確になっていなければなりません。かなり以前からの貸宅地では、契約の当事者、契約面積、契約期間、地代などが明確になっていない場合があります。契約書がつくられていないケースもあります。契約内容を明確にして、契約書を作成しておくことが不可欠です。

また、その地代が近傍類似の土地の地代より大幅に安い場合には、物納不適格となってしまいます。その目安は近傍類似の地代の70%とされています。

さらに、境界線が明確で、隣接地主から境界線に異議のない旨の了解が得られていなければなりません。一筆の土地に何人もの借地人がいる場合には、借地人同士の境界線を明確にしておきましょう。

貸宅地を物納する条件

●賃宅地は物納に充てるのが有利

契約内容の明確化
- ・契約の当事者
- ・契約面積
- ・契約期間
- ・地代の額
- ・地代の支払い時期

（これらが明確になっていること）
- 契約書があること

地代の適正化
- 近傍類似の物件の70%を下回らないこと
- 必要な場合には地代の値上げをしておくこと

境界線の明確化
- 隣接地主から異義のない旨の了解があること
- 複数の借地人がいる場合には、借地人間の境界線が明確になっていること

Point

貸宅地が物納できるように条件を整備するには時間が必要。早めに準備しておこう

この章で紹介した11のアイデア

70 □ 給与の支払いで納税資金の準備をしよう

71 □ 生命保険で納税資金の準備をしよう

72 □ 生命保険の契約内容に注意しよう

73 □ 生命保険は一時所得として受け取ろう

74 □ 生命保険の加入のしかたを工夫しよう

75 □ 経営者保険を活用しよう

76 □ 相続税の納付には延納という方法もある

77 □ 相続税の納付には物納という方法もある

78 □ 物納が有利かどうか検討しよう

79 □ 延納・物納の変更制度を利用しよう

80 □ 貸貸宅地を物納しよう

第7章

相続開始後にできる節税アイデア

アイデア 81

葬式費用の領収書等を揃えておこう

葬式費用は債務とともに相続財産から差し引くことができる。葬式費用の領収書を取っておいて節税に役立てよう。

領収書が取れないものはメモ書きでよい

葬式にかかった費用は相続財産から控除できることになっています。したがって、葬式にかかった費用が多いほど、相続税が安くなるわけです。相続税法上、相続財産から控除される葬式費用として認められるものには、次の4つがあります。

①葬式もしくは葬送に際し、またはこれらの前において、埋葬、火葬、納骨、その他に要した費用

②葬式に際して施与した金品で、被相続人の職業、財産、その他に照らして相当と認められるもの

③「①」と「②」以外に、葬式の前後に生じた出費で通常葬式に伴うと認められるもの

④死体の捜索、または死体もしくは遺骨の運搬に要した費用

具体的には、葬儀社への支払い、お布施・戒名料、弔問客などへの答礼品・飲食代、葬儀場の賃借料、葬儀に関して支払った心付け、交通費、通信費などがあります。

このうち葬儀社への支払いなどについては、領収書があるので問題ありませんが、お布施・戒名料、心付け、交通費などは領収書が出ません。領収書の出ない費用は支払先、金額、支払日、支払内容などをメモしておけば、葬式費用として認められます。

なお、葬式費用として認められるのは、常識的に考えて葬式にかかる費用の範囲内のものです。被相続人の職業や財産などに照らして不相応の費用は相続財産から控除されません。

葬式費用の具体例

●葬式費用が多いほど、相続税は安くなる

- 葬儀社への支払い
- お布施・戒名料
- 弔問客への飲食代・答礼品
- 交通費
- 心付け
- 葬儀場の賃借料
- 通信費

※①香典返戻費用、②墓碑および墓地の購入費ならびに墓地の借入料、③初七日や四十九日など法会に要した費用、④医学上または裁判上の特別の処置に要した費用は、葬式費用には該当しない。香典には所得税も相続税もかからないことになっていて、その代わりに香典返しの費用は、葬式費用として相続財産から控除できない

Point

領収書が取れない費用は、支払先、金額、支払日、支払内容などをメモしておけば葬式費用として認められる

アイデア

82

土地を分割して評価額を引き下げよう

路線価の異なる2つの道路に面した土地は、分割のしかたによって、評価額が異なってくる。有利な分割方法を検討しよう。

不合理分割は認められないので注意する

相続税額の計算は、まず各相続人ごとに課税価格を計算します。そして、各相続人の課税価格を合計し、その課税価格の合計額を基に相続税の総額を計算します。つまり、相続税を計算する際の財産の評価は、相続によって財産を取得した人ごとに評価額を計算するのです。

したがって、相続が発生した後でも、路線価の異なる２つの道路に面した土地は、工夫して分割することによって、評価額を引き下げることができます。これを設例で考えてみましょう。

左図のような路線価の異なる２つの道路に面した土地３３０㎡が相続財産にあるとします。この土地を１人で相続した場合の相続税評価額は、図①の計算のように３億３３３０万円となります。

この土地を図②のように２つに分割して、それぞれの土地を別の相続人が取得するようにします。この場合の相続税評価額は図の計算のように１億５４００万円となり、分割して取得することによって評価額が半分以下に下がります。

このように分割する場合には、２つの路線価の金額の差額が大きいほど評価額が下がります。また路線価の大きい道路に面する土地の面積を少なくするほど評価額が下がります。

ただし、分割した土地の両方とも、宅地として利用できるだけの面積が必要です。遺産分割によって著しく不合理な土地の分割が行われた場合には、分割前の土地を1画地として評価してから、各相続人に面積を基にその評価額を按分することになります。たとえば、図③のような分割は不合理分割となり、認められません。

どのように土地を分割するのか？

●2つの道路に面した土地は節税のチャンス

①

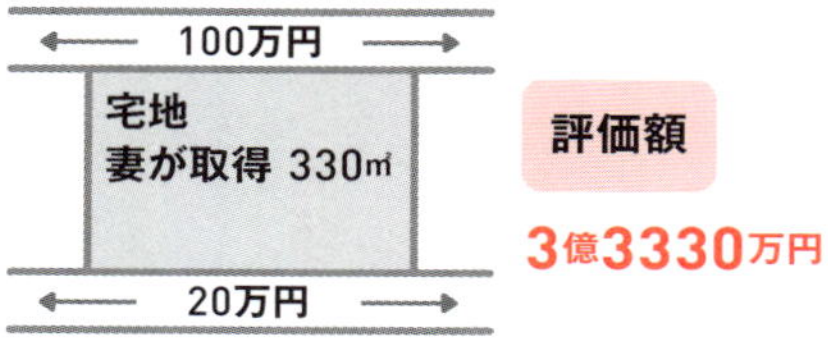

（100万円＋20万円×0.05）×330㎡＝3億3330万円
・普通商業・併用住宅地区で二方路線影響加算率は0.05
・奥行価格補正率は無視する

②

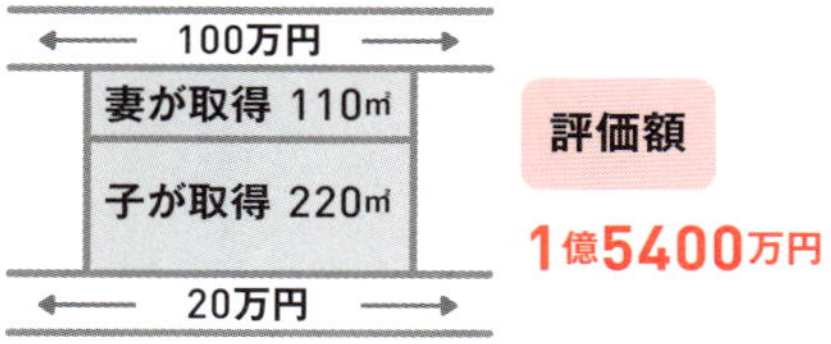

①100万円×110㎡＝1億1000万円
②20万円×220㎡＝4400万円
③合計 ① ＋ ② ＝1億5400万円

③

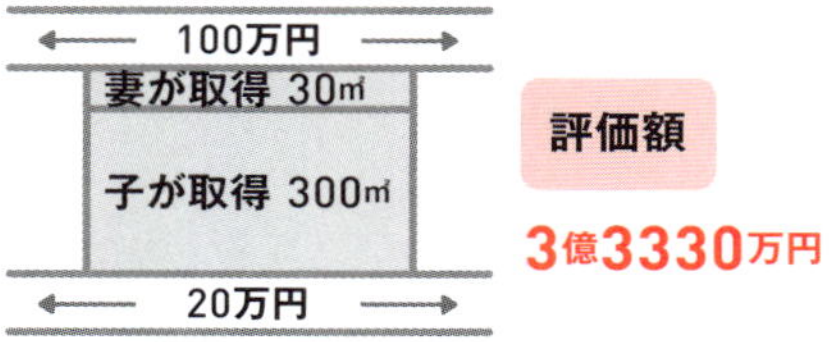

このような分割は認められない

アイデア

83

上場株式の評価額を引き下げよう

2つ以上の証券取引所に上場している株式の評価額は、会社本店の最寄りの証券取引所と被相続人の最寄り証券取引所、どちらの価額でもよい。

最も低い価額を選択する

証券取引所に上場されている株式の相続税評価額は、次のうち最も低い金額によります。

①相続のあった日の終値
②相続のあった月の毎日の終値の平均値
③相続のあった月の前月の毎日の終値の平均値
④相続のあった月の前々月の毎日の終値の平均値

ところで、全国に複数ある証券取引所の公表する株価の終値は、それぞれ多少の違いがあることもあります。

そこで、2カ所以上の証券取引所に上場されている株式の場合には、次のいずれかを選択できることになっています。

㋐その株式の発行会社の本店所在地の最寄りの証券取引所が公表する価額（原則）
㋑被相続人の住所地の最寄りの証券取引所が公表する価額

相続によって取得した株式について、2カ所以上の証券取引所に上場している場合には、各証券取引所における評価額を調べてみて、一番低いものを選択し、相続税評価額を少しでも引き下げるようにしましょう。

なお、株式の終値や毎月の終値平均は、株式関係の専門新聞等に掲載されていますし、インターネットでも検索できます。わからないときは証券会社に問い合わせれば、調べてもらえます。また、税務署にも資料があります。

株式の相続評価額を引き下げるには？

●複数の証券取引所への上場株は価格を選択

設例

・2019年8月18日に相続によってA社株式50000株を取得した。

・被相続人の住所地は東京で、A社の本店は名古屋にある。東京と名古屋の各証券取引所のA社の株価は次のとおり。

東京証券取引所のA社の株価

①2019年8月18日 ……… 580円
②2019年8月中の平均 ……… 545円
③2019年7月中の平均 ……… 532円
④2019年6月中の平均 ……… 541円

名古屋証券取引所のA社の株価

①2019年8月18日 ……… 578円
②2019年8月中の平均 ……… 543円
③2019年7月中の平均 ……… 535円
④2019年6月中の平均 ……… 540円

↓

このうち、最も評価額が低くなる532円を選択すればよい

アイデア

84

農地の相続では納税猶予を利用しよう

一定の条件を満たせば農地の評価額は大幅に低くなり、相続税が安くなる。ただし、納税猶予は打ち切られる場合があるので注意しよう。

納税猶予が認められる条件は？

農家の人が相続後も農業を続けることができるようにするため、農地を相続したときには相続税を大幅に少なくできる制度があります。この制度を「相続税の納税猶予の特例」といいます。

まず、農業相続人が農地を相続によって取得し、農業を継続する場合には、一定の条件の下、相続税の納税が猶予されます。そして、「その相続人の死亡の日」または「その相続税の申告書の提出期限の翌日から20年を経過する日」のいずれか早い日に、猶予されていた納税が免除されます。つまり税金を納めないで済むようになるというわけです。

相続税の納税猶予が認められるためには、その農地、被相続人および相続人について、以下の条件をすべて満たしている必要があります。

①農地について

被相続人が所有し、農業を営んでいた農地である必要があります。3大都市圏の特定市の市街化区以内の農地は原則として納税猶予の対象になりません。ただし、生産緑地区内にある農地はその対象となりますが、農業相続人の死亡の日まで納税が免除されないことになっています。

なお、納税猶予の対象となる農地には、一般の農地のほか、採草放牧地および準農地が含まれます。

②被相続人について

生前に所有していた農地で、その死亡の日まで農業を営んでいたことが条件となります。

③相続人について

相続税の申告期限までに農業経営を開始し、その後も引き続き農業経営を行うと認められることが条件です。具体的には、農業委員会の証明が必要になります。また、申告期限までにその農地を相続によって取得している必要があります。したがって、遺産分割協議の成立していない未分割農地は、納税猶予の対象になりません。

手続きとしては、申告期限までに、納税猶予額に相当する担保を提供し、農業委員会の証明書などの必要書類を添付した相続税の申告書を提出する必要があります。

納税猶予される金額

納税猶予額は215ページの算式で計算されます。ポイントは農地を農業投資価格で評価するところにあります。農業投資価格とは、その農地を農業のみに使用する場合に成立すると認められる売買価格のことです。

農業投資価格は地域別に国税局長が定めていて、令和元年分は215ページの図表のようになっています。その土地の時価にかかわらず、東京都では10アールの田が95万円、10アールの畑が84万円で評価されることになります。相続税の納税猶予を受けた場合の農地の評価額は極めて少額となって、その節税効果は非常に大きなものになります。

相続税の免除と納税猶予の打ち切り

前記のとおり、納税猶予されていた相続税は原則として、農業相続人の死亡の日、またはその相続税の申告期限の翌日から20年を経過した日のいずれか早い日に免除されます。免除されるまでは、納税が猶予されているにすぎません。

免除される前に、その農地を譲渡などした場合には、納税猶予は打ち切りとなって、猶予されていた相続税と利子税（0・7〜6・6％）を納めなければなりません。納税猶予の打ち切りには、次のように、全部打ち切りと一部打ち切りがあります。

①全部打切り

㋐農業経営を廃止した場合、㋑農地の面積の20％を超えて譲渡・転用・贈与等した場合、などには、猶予されていた相続税の全部が打ち切りとなります。

②一部打切り

㋐農地の面積の20％以内を譲渡・転用・贈与等した場合、㋑収用等により譲渡した場合、などには、その農地に対応する納税猶予額が打ち切りとなります。

相続税の納税猶予は引き続き農業経営を行うことが確実な相続人にとっては、非常に都合の良い制度です。しかし、今後もずっとその農地で農業経営を続けていくことが確実でない人にとっては、猶予を受けるかどうかを慎重に決めなければなりません。20年間を経過しないうちに農業経営をやめたり、農地の売却等を行ったりした場合には、納付しなければならない相続税額と利子税の負担はかなり大きなものになります。

なお、相続によって取得した農地のうちの一部だけ納税猶予を受けることもできます。

したがって、「将来に売却や転用の可能性が少しでもある農地は納税猶予を受けない」「市街化調整区域内の農地は適用を受けるが、市街化区域内の農地は受けない」といった方法も検討してみてください。

納税猶予できる税額

●条件を満たしていないと打ち切られることもある

納税猶予額 ＝ 全相続財産を原則的方法で評価して合計し、その価額に基づいて計算した相続税の総額 － 納税猶予を受ける農地を農業投資価格で評価し、その他の財産を原則どおり評価して合計し、その価額に基づいて計算した相続税の総額

農業投資価格

（10アールあたり）

国税局	適用地域	農業投資価格 田	農業投資価格 畑
		千円	千円
東京	東京都	900	840
	神奈川県	830	800
	千葉県	740	730
	山梨県	700	530
関東信越	埼玉県	900	790
	茨城県	705	625
	栃木県	695	575
	群馬県	790	660
	長野県	730	490
	新潟県	660	265
大阪	大阪府	820	570
	京都府	700	450
	兵庫県	770	500
	奈良県	720	460
	和歌山県	680	500
	滋賀県	730	470
札幌	北海道 中央ブロック	300	128
	北海道 南ブロック	236	117
	北海道 北ブロック	169	55
	北海道 東ブロック	169	73
仙台	宮城県	520	270
	岩手県	420	200
	福島県	510	255
	秋田県	500	175
	青森県	380	180
	山形県	510	220

国税局	適用地域	農業投資価格 田	農業投資価格 畑
		千円	千円
名古屋	愛知県	850	640
	静岡県	810	610
	三重県	720	520
	岐阜県	720	520
金沢	石川県	570	260
	福井県	580	260
	富山県	580	260
広島	広島県	660	360
	山口県	610	290
	岡山県	710	400
	鳥取県	640	370
	島根県	550	295
高松	香川県	740	360
	愛媛県	700	340
	徳島県	680	330
	高知県	615	287
福岡	福岡県	770	440
	佐賀県	710	400
	長崎県	550	320
熊本	熊本県	730	420
	大分県	530	330
	鹿児島県	510	400
	宮崎県	580	410
沖縄	沖縄県	220	230

アイデア

85

2次相続も考えて遺産を分割しよう

配偶者がどれだけの財産を取得するかによって、相続税額が違ってくる。2次相続のことも考えて、取得する財産と金額を決定しよう。

配偶者はどれだけの財産を取得すべきか

遺産を分割するにあたっては、配偶者がどれだけの財産を取得するかによって相続税額が違ってきます。

配偶者が「遺産のうちの法定相続分」または「1億6000万円まで」のいずれか多いほうを取得すれば、配偶者の相続税がゼロになることはすでに説明しました。配偶者の税額軽減をフル活用することにより、配偶者が法定相続分を取得した場合でも、遺産の全部を取得した場合でも、納める相続税の総額は同じになります。

こうしたことやいずれは子どもが相続すること、また母親の老後の生活に不安がないようにという思いやりから、父親の残した財産をすべて母親に相続させるケースもよく見受けられます。

しかし、財産を子孫に残すという観点からいうとお勧めできません。配偶者もいずれ亡くなり、次の相続が発生します。相続税は超過累進税率であるため、遺産が多いほど相続税の負担が大きくなるからです。ひと言でいえば、2次相続のときの税負担が大変になるということです。そのため、配偶者の取得する財産は法定相続分にとどめておく必要があります。

一方で、2次相続のことばかり考えて、配偶者の税額軽減をフル活用せず、配偶者の取得する財産をかなり少なめにすると、今度は1次相続時の税負担が大きくなります。この分割のしかたもお勧めできません。

ですから、節税という観点からいえば、配偶者がおおむね法定相続分を取得するようにするのがベストです。2次相続時までに節税対策を実施することにより、トータルでかかる相続税を減らすようにしましょう。

配偶者が取得すべき財産の種類

1次相続では、誰がどんな種類の財産を取得しても相続税には影響がありません。

しかし、2次相続すなわち将来において配偶者が被相続人になった場合には、配偶者がどんな財産を相続によって取得していたかによって相続税額が違ってくるのです。

配偶者は次のような財産を取得していれば、将来の相続税の節税になります。

①消費される財産

現金、預貯金、国債や社債等の債券は、おもに生活費や遊興費として消費される財産です。これらは使ってしまって、減少していくのがふつうです。2次相続時の相続税の負担を軽くできます。

ただし、見方を変えれば、将来の相続財産が減ってしまうことにもなります。

②評価額の上昇しない財産

建物の相続税評価額は固定資産税評価額の1倍で、原則として何年たっても上昇しません。むしろ評価額が下がっていくのがふつうです。

このような評価額の上昇しない財産は、配偶者が取得するようにします。

他方、土地や上場株式のように、一般的に将来において評価額が上昇する可能性のある財産は子どもが取得するようにします。

アイデア

86

相続財産の寄付を検討しよう

公益法人などに相続財産を寄付してしまえば、税負担が軽くなる。ただし、財産そのものがなくなってしまうので慎重に検討しよう。

相続税の申告期限までに寄付すること

相続によって取得した財産を国や特定の公益法人に寄付した場合、その財産には相続税がかかりません。したがって、相続財産を寄付することにより、相続財産を減少させ、相続税の負担を軽くすることができます。

もちろん、相続財産を寄付すれば節税になるといっても、寄付してしまえば財産そのものはなくなってしまいます。そのため、この対策を実施するかどうかは、寄付の相手や寄付する財産、寄付の金額と節税効果を十分に検討して、慎重に決定しなければなりません。

寄付の相手としては、親族の設立した公益財団法人、学校法人、社会福祉法人などがベストでしょう。

寄付する財産としては、書画骨とう、美術品、自社株式などが考えられます。これらの財産は第三者には手放したくないと思うのが一般的ですし、処分するといっても容易ではありません。

寄付する金額としては、その寄付をすることによって、相続税の税率の適用区分が1つ下になるのが理想的です。

たとえば、3億2000万円の財産を取得した人が、2000万円を寄付したとします。相続税の税率は、取得した財産の金額が2億円超3億円以下で45％、3億円超6億円以下で50％です。2000万円を寄付することによって、この人の適用税率が50％から45％に変わります。

寄付してしまえば、財産が減ってしまいますが、寄付した財産が有効に活用されるのであれば、この対策も検討に値するでしょう。

寄付した相続財産が非課税となるには?

●寄付で相続税率の区分が下がるようにする

1 寄付する財産は相続によって取得した財産であること

以前から自分で持っていた財産を寄付しても非課税にはならない

2 相続税の申告期限までに財産を寄付すること

3 寄付の相手は次のものであること

㋐国または地方公共団体

㋑次のような特定の公益法人（寄付をする時に現存している必要があり、法人を設立するための寄付行為、その他の財産の提供については適用がない）

- 公益財団法人、公益社団法人
- 理化学研究所等
- 学校法人
- 社会福祉法人

4 申告すること

申告書に非課税の特例の適用を受ける旨を記載し、寄付した財産の明細書、寄付を受けた相手の証明書を添付する必要がある

Point

ただし、寄付することによって、相続税の負担を不当に減少させることになると認められる場合には、非課税の特例は適用されないので注意

アイデア
87

分割できない財産は代償分割しよう

代償分割は相続財産を1人の相続人が取得して、その相続財産をほかの相続人に譲るもの。そのしくみを知っておこう。

代償分割を上手に活用すること

おもな相続財産が家と土地だけしかないケースも少なくありません。この場合には、家と土地を相続人のうちの1人だけが取得するのではなく、数人が共同で取得する共有の方法により遺産分割が行われることもあります。

しかし、家と土地を共有にしても、共同で使用するのは難しいかもしれません。また、いざ売却しようとしても、共有者全員の意見の一致がなければ、売却できないという不便な点があります。

そこで家と土地を1人の相続人が取得して、その相続人が自分の財産をほかの相続人に譲るという方法があります。これを代償分割といいます。代償分割も遺産分割の方法の一つです。

代償分割は遺産分割協議書に記載する

たとえば、相続財産は評価額が2億円の家と土地だけで、相続人は長男と次男の2人だとします。長男が家と土地を取得して、次男が相続を放棄し、その代わりに長男が次男に2000万円の現金を支払うとします。相続税法上は相続を放棄した人も、1人600万円の基礎控除額があり、相続税の総額の計算の際に相続人の数に含められます。

したがって、この場合、相続の放棄があっても、相続税の額には影響がありません。しかし、2000万円をもらった次男には贈与税がかかってしまいます。

代償分割は相続を放棄し、その代わりにほかの財産をもらうのとは違います。前記のとおり、代償分割は遺産分割の方法の一つです。そのため、代償分割によって遺産を分割したことを、遺産分割協議書に記載しておく必要があります。こうすれば贈与税はかかりません。

代償分割はやめたほうがいいケースも

家や土地を取得した相続人が代償分割金として、ほかの相続人に渡す財産があれば、特に問題になることはありません。

けれども、代償分割金として渡す財産がない場合には、銀行等から借金をして代償分割金に充てるという方法を取ることがあります。

この金額が数百万円程度であればよいのですが、数千万円といった単位になると、それを支払った相続人が借金を返済できず、破産状態に陥ることもあり得ます。その結果、相続した家や土地を手放すことになっては、何のために代償分割したのかわからなくなってしまいます。

相続した不動産についても、価格が上がっていればよいのですが、下がってしまうと、さらに損失を重ねることになりかねません。

また、家や土地の売却が相続税の申告期限から3年を過ぎてしまうと、売却したときの相続税の取得費加算の特例が受けられなくなってしまいます。

そうなると二重、三重に損をすることになってしまいます。代償分割金を支払うために大きな借金をしたり、相続した不動産を売却したりするのであれば、代償分割はやめたほうが賢明です。

アイデア

88

遺産分割協議書のつくり方を工夫しよう

遺産分割をした後で財産が出てくることもあるので、そうしたケースも想定して、遺産分割協議書を作成しておこう。

トラブル防止の一文を入れておこう

相続人の間で遺産分割協議が整うと、相続人全員が署名捺印して遺産分割協議書を作成します。遺産分割協議書は、相続税の申告、不動産の相続登記、預貯金の名義変更など、すべての法的手続きにおいて必要になる大変重要な書類です。

遺産分割協議書の様式に特に決まったものがあるわけではなく、相続財産の明細とそれを取得した人を、誰が見ても特定できるように書いておけばよいことになっています。

この遺産分割協議書の一項目に、図のように「前各号により分割した遺産以外の財産および将来に発見されたる財産は、相続人○○○○が取得するものとする」といった一文を入れておくとよいでしょう。

相続財産の漏れがあったとき、通常であればその財産について、相続人全員で遺産分割協議書を再度作成し直さなければなりません。しかし、この一文があれば、新たに遺産分割協議書を作成する必要がなくなり、トラブルが起こるのを防ぐことができます。

財産の取得者は配偶者とするのがよいでしょう。配偶者の税額軽減をフルに受けないで、法定相続分よりも少なめに相続しておきます。そうすることで、後で財産の漏れが見つかった場合（遺産隠しがあったときを除く）でも、小さな財産であれば配偶者の税額軽減の範囲内に収まり、新たな相続税がかからないか、かかったとしてもわずかで済みます。

遺産分割協議書の作成例

●トラブル防止の一文を入れよう

遺産分割協議書

被相続人田中一夫の遺産については、同人の相続人の全員において分割協議を行った結果、各相続人がそれぞれ次のとおり遺産を分割し、取得することに決定した。

1. 相続人田中邦子が取得する財産
   - 東京都新宿区新宿3丁目2番○号
     宅地103平方メートル
   - 同所同番地所在
     家屋番号93番
     木造瓦葺2階建居宅95平方メートル
   - ○○銀行新宿○○支店の定期預金2000万円
   - ……
2. 相続人田中初夫が取得する財産
   - ……
   - ……
3. 相続人田中マキが取得する財産
   - ……
   - ……
4. 前各号により分割した遺産以外の財産および将来に発見されたる財産は、相続人田中邦子が取得するものとする

この一文を入れておけば、後々のトラブルを防げる

Point

遺産分割協議書は相続税の申告、不動産の相続登記、預貯金の名義変更など、すべての法的手続きで必要になる

アイデア

89

払い過ぎた税金は返してもらおう

間違いにより払い過ぎた税金は返してもらうことができる。払い過ぎとわかったら、あきらめずに申請しよう。

払い過ぎたときは「更正の請求」をする

相続税や贈与税は、納税者が自分で財産の評価額とそれにかかる税額を計算し、申告と納税をすることになっています。

ところが、財産の評価方法などは複雑で、専門家でも間違えることがあります。たとえば、書画骨とう品などは、とても評価が難しいものです。本物だと思い込んで申告したところ、じつはニセ物だったということもあります。

財産の評価方法や相続税・贈与税の計算のしかたに間違いがあって、本来の税額よりも払い過ぎてしまったときは、払い過ぎた分を返してもらうことができます。そのためには税務署に「更正の請求」をする必要があります。

更正の請求は、相続税・贈与税の申告期限から5年以内が期限です。5年を過ぎてしまうと、原則として更正の請求はできなくなります。ただし、左ページのような特別の場合には、申告期限から5年以上経った後でも一定の期間内であれば、更正の請求をすることができます。

なお、税金が不足していた場合には、「修正申告」をして、不足している税額を納付することになります。修正申告には、特に期限はありません。

更正の請求の期限

●払い過ぎた分はあきらめずに取り戻そう

	内容	期限
一般的な場合	財産の評価方法や計算に誤りがあったときなど	申告期限から5年以内
判決があった場合	申告の基礎となる事実に関する訴えについての判決により、その事実が当初計算したところと異なることが確定したときなど	判決があった日から2カ月以内
特別な場合	●未分割で申告したが、その後に分割が確定したとき ●胎児の出生、認知などがあり、相続人に異動があったとき ●遺留分による減殺の請求があったとき ●遺言書が発見されたり、遺贈の放棄があったときなど	その事実を知った日から4カ月以内

Point

税金を払い過ぎてしまった場合は、税務署に「更正の請求」をして返してもらうことができる

アイデア

90

不動産の売却は申告期限後3年以内にしよう

申告期限から3年以内に不動産を売却すれば、相続時に支払った相続税が譲渡資産の取得費に加算され、譲渡所得税の節税になる。

相続税の取得費加算の特例

相続によって財産を取得すると、相続税がかかります。もし、その相続税を支払うために相続した財産を売却すると、今度は所得税がかかってきます。

相続税の税率は高いので、その税金は多額になります。また相続した財産を売却するにあたっては、通常、被相続人から引き継いだ取得費はわずかなため、譲渡益が多くなります。言うまでもなく、譲渡所得にかかる税金もまた多額になります。これでは二重課税になってしまいます。

そこで、このような重い税負担を軽減するために、相続によって取得した不動産を、相続税の申告期限から3年以内に譲渡した場合には、相続した不動産全体にかかった相続税を、譲渡した不動産の取得費に加えることができます。これを「相続税の取得費加算の特例」といいます。

左ページの図表のように、取得費に加算される金額は、「その相続人の相続税額」に「譲渡した財産の課税価格がその相続人の課税価格の合計額に占める割合」を掛けて計算します。

また、この節税策は相続税の延納と組み合わせれば、より有効な方法となります。

具体的には、相続税の納税資金がない場合、納付はとりあえず延納にしておきます。そして、有利な買い手が現れるのを待って、共有にしておいた不動産を申告期限から3年以内に売却します。その売却代金で延納していた相続税を一括納付するのです。

相続税の取得費加算の計算方法

●節税チャンスは相続税の申告から3年以内

取得費に加算する相続税額の計算

取得費に加算する相続税額 ＝ その人の相続税額 × 譲渡資産の課税価格 ／ その人の課税価格の合計

※以前は土地等を譲渡した場合には、「その相続人の相続税額」に「相続した土地全部の課税価格がその相続人の課税価格の合計額に占める割合」を掛けた金額を計算することができましたが、現在は土地か土地以外の財産にかかわらず、上記の算式で計算した金額が加算額となります。

譲渡益の計算

譲渡益の金額 ＝

譲渡収入金額 － （取得費 ＋ 譲渡費用 ＋ 取得費に加算する相続税額）

Point

相続によって取得した不動産を相続税の申告期限から3年以内に譲渡すると、譲渡所得税の節税ができる

この章で紹介した10のアイデア

81 □ 葬式費用の領収書等を揃えておこう
82 □ 土地を分割して評価額を引き下げよう
83 □ 上場株式の評価額を引き下げよう
84 □ 農地の相続では納税猶予を利用しよう
85 □ 2次相続も考えて遺産を分割しよう
86 □ 相続財産の寄付を検討しよう
87 □ 分割できない財産は代償分割しよう
88 □ 遺産分割協議書のつくり方を工夫しよう
89 □ 払い過ぎた税金は返してもらおう
90 □ 不動産の売却は申告期限後3年以内にしよう

第8章

相続税調査に備えるアイデア

アイデア

91

財産隠しはかえって高くつくと覚えておこう

相続税の負担を減らすには、財産隠しではなく、相続税対策を行うこと。申告漏れがあると、加算税や延滞税がかかってしまう。

相続税には調査がつきもの

相続税の負担を軽くするには、相続財産を隠して申告するのが手っ取り早い方法だと考えている人もいるようです。

しかし、財産隠しによる申告漏れは、かえって高くついてしまいます。相続税の申告には税務調査がつきもので、この税務調査により、ほとんどの申告漏れは見つかってしまいます。

相続人にとっては初めて経験する相続や税務調査ですが、相手の調査官は何度も経験していますし、税務署内には隠し財産を発見するノウハウや資料が蓄積されています。

申告漏れがあると、本来払うべき相続税のほかに、ペナルティーとして過少申告加算税や重加算税のほか、納付延滞の利息分として延滞税がかかってきます。加算税や延滞税を合わせるとそれだけで、本来の税額と同じくらいの金額になってしまうことも少なくありません。

また、申告漏れがあると、もう一度相続税の申告をやり直さなければならず、かなりの手間と費用がかかります。場合によっては、遺産分割協議書を作成し直さなければならず、改めて相続人全員の署名捺印が必要になります。申告のやり直し

（修正申告）をするのにも費用がかかります。

さらにやっかいなことに、財産隠しが相続争いの火種になることもあります。財産隠しは黙って特定の相続人だけで行うのがふつうで、相続人全員が承知しているケースは稀です。財産隠しが露見したことでせっかくまとまった遺産分割協議も壊れてしまいますし、疑心暗鬼になり、本格的な相続争いに発展することもあるのです。

申告漏れにはペナルティーがある

●財産隠しではなく、合法的な相続対策を！

種類	内　容	追徴税額
過少申告加算税	修正申告書を提出した場合または更正を受けた場合に賦課される。自主的に修正申告書を提出した場合にはかからない	●原則として納付税額の10% ●ただし、期限内申告額または50万円のいずれか多い金額を超える分については15%
無申告加算税	期限後の確定申告書を提出した場合または決定を受けた場合に賦課される	●納付することになる税額の15% ●ただし、自主的に申告した場合には5%
重加算税	相続税の計算の基礎となる事実を隠ぺいまたは仮装し、その隠ぺいまたは仮装に基づいて申告書を提出した場合または提出しなかった場合に賦課される	●過少申告加算税にかわる場合には35% ●無申告加算税にかわる場合には40%

このうちのいずれか

＋

延滞税	納付すべき税額を期限までに完納しない場合に賦課される	●未納税額に対して、最初の2カ月は「年7.3%」と「特例基準割合＋1.0%」のいずれか低い割合 ●それ以降は「年14.6%」と「特例基準割合＋7.3%」のいずれか低い割合

アイデア 92

税務署の目はごまかせないと心得よう

税務署には、市町村から死亡届、法務局から登記の変更届が送られてくる。税務署内部にも資料があり、相続税がかかる人を簡単に探し出せる。

死亡の事実と財産の大枠は把握されている

ある程度の財産を所有している人が亡くなると、税務署から相続税の申告書の用紙が送られてきます。税務署は人の死亡の事実をなぜ知っているのでしょうか。

答えは簡単です。すべての死亡通知が市町村から税務署に届くことになっているからです。

人が亡くなり、埋葬許可をもらうためには、市町村に死亡届を提出しなければなりません。死亡届を受け取った市町村は、その事実を税務署に通知する義務があります。税務署は待っているだけで、労せずして相続税を徴収する原因となる死亡の事実を知ることができるのです。

けれども、相続税がかかるのは、亡くなった人全員ではなく、ある程度の財産がある人だけです。税務署は数ある死亡通知の中から、相続税のかかりそうな人、つまり財産のある人をどうやって見分けているのかというと、こちらも市町村から通知があるからです。

死亡届を受けた市町村は、固定資産税の名寄帳（個人別の不動産の一覧表）に死亡の事実を記入し、固定資産税の課税通知に支障がないようにします。このときに、ある程度の固定資産の所有者

税務署に情報が集まるしくみ

● 財産隠しはできないシステムになっている

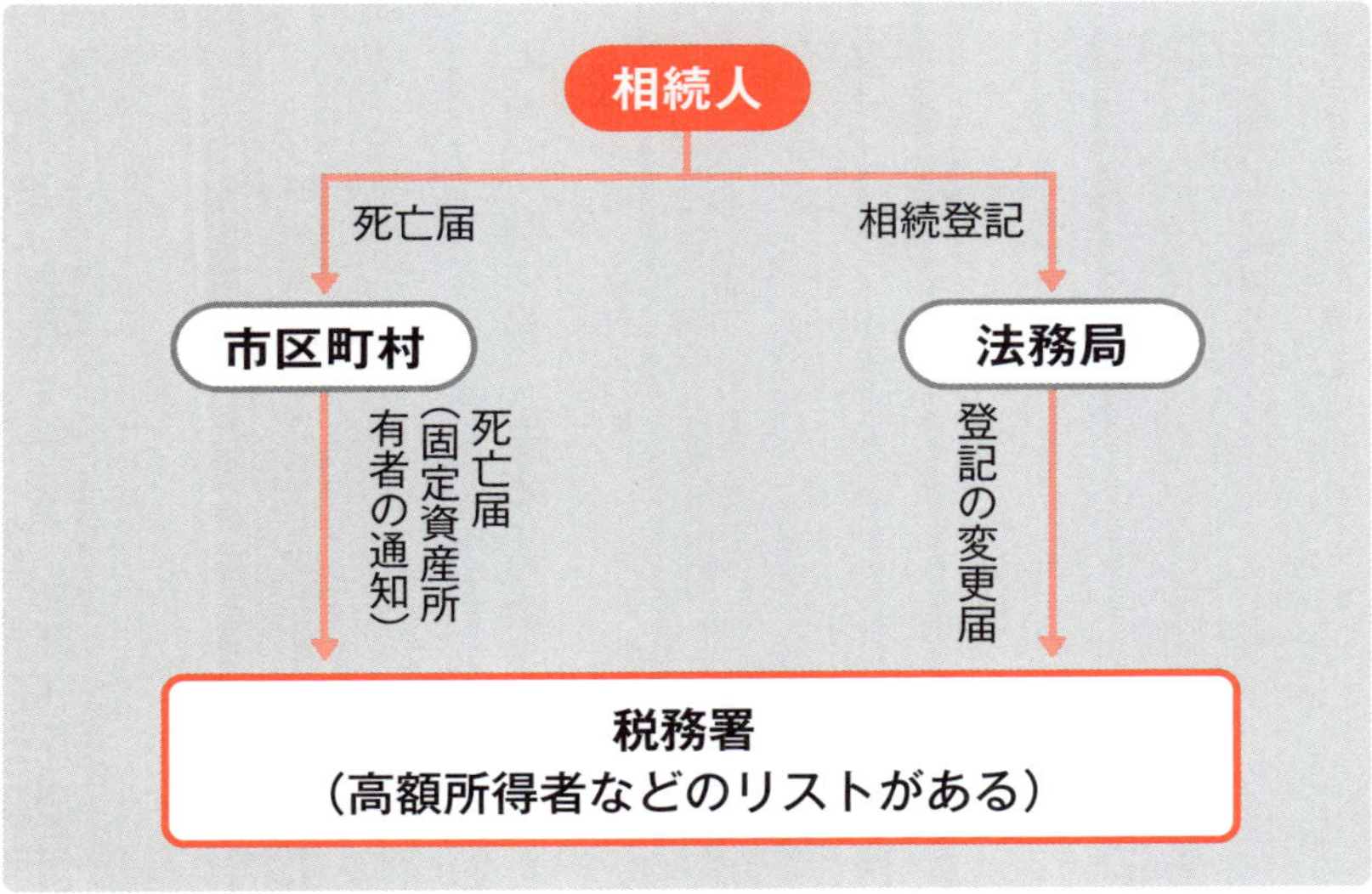

はリストアップされ、税務署に通知されることになっているのです。

また税務署内には、資産家や準資産家を把握するための絶好の資料となる「所得税の申告書」や「財産債務調書」などの資料が蓄積されています。税務署は高額所得者の情報をとっくにつかんでいますので、相続税のかかりそうな人を選び出すのは簡単なことです。相続税調査は生前から始まっているともいえるのです。

さらに税務署には法務局から登記の変更届が送られてくることになっています。この中から相続によって所有者が変更になったものを選び出せば、不動産の所有者や不動産の相続申告漏れは簡単にわかってしまいます。

このように税務署はいくつものルートから、財産のある人の情報を大枠でつかめるようになっています。バレずに財産をごまかすことはできないと心得ておきましょう。

アイデア 93

税務署の内部調査について知っておこう

申告書は税務署の内部資料と照合されるだけでなく、金融機関等から取り寄せた資料とも照合されて内容をチェックされる。

生前の所得に見合う財産が申告されているか

相続税の申告書が提出されると、税務署では計算や評価方法に誤りがないか、財産の申告漏れがないかなどをまずチェックします。おもに次のような税務署内の内部資料と照らし合わせながら確認していきます。

・被相続人の所得税の確定申告書、準確定申告書
・財産及び債務の明細書
・被相続人が役員となっていた法人の確定申告書
・配当等の支払調書
・生命保険金等の支払調書
・退職手当金等受給者別支払調書

また、取引をしている銀行などの金融機関、証券会社、保険会社、貸付金や借入金の相手先などと照会をして、資料を取り揃えます。

内部調査では、たとえば次のようなことがポイントになります。

・所得金額が多いわりには、預貯金や有価証券などの申告財産が少なくないか
・不動産の譲渡があった場合には、それに見合う財産が申告されているか
・地代収入や家賃収入の基になる土地や家屋が申告されているか

・給与所得者の場合には、退職金の支給がなかったか

・配当所得があった場合には、その元本に当たる株式が申告されているか

・生命保険料控除の対象となった保険がすべて申告されているか

・借入金や未払金に見合う財産が申告されているか

税務署は何を調べるのか?

●お金の出入りを徹底的に調べ上げられる

申告書

被相続人の死亡の日から10カ月以内に提出

↓

税務署の内部調査

・相続額の計算方法や相続財産の評価方法に誤りはないか

・相続財産の申告漏れはないか

1 税務署の内部資料

被相続人の確定申告書／財産及び債務の明細書／生命保険等の支払い調書etc.

2 金融機関等への照会

預貯金のチェック／所有する有価証券のチェック／借入金、貸付金のチェックetc.

Point

申告書は税務署の内部資料だけでなく、金融機関等からの資料とも照らし合わせてチェックされる

アイデア

94

税務調査が入りやすい申告書を知っておこう

相続税の申告に対する実地調査の割合は2割程度。内部調査で疑問が出た場合や、遺産総額が大きい場合には調査が入る。

資産家は税務調査に対する備えが必要

相続税の申告について、すべて実地調査が入るわけではありません。実地調査とは、税務署員が相続人宅に出向いて行う調査のことです。実地調査をするかどうかは申告内容や遺産総額などを検討して決定します。

まず対象となるのは、「税務署で把握している財産が申告されていない」「収入のわりに申告している財産が少ない」など疑問がある場合です。

内部調査で申告漏れや疑問が見つからなくても、遺産総額が大きいと、実地調査は行われます。金額が大きい相続ほど、実地調査の対象となる確率が高くなります。

というのは、財産が多い人ほど、いろいろな種類の財産を、いろいろな場所に所有していて、申告漏れの可能性が高くなるからです。申告漏れとなった財産の総額も多くなることでしょう。

また、相続税の税率は累進税率となっているため、申告財産の漏れが見つかった場合、遺産が大きいほど修正申告による納付税額が大きくなるという事情もあります。税務調査する側からすれば、少しでも多く税金を取りたいのです。

それでは、いくら以上の財産があると実地調査が行われるのかというと、一概には言えません。相続税評価額に地域格差がありますし、その年にあった相続税の申告件数や申告金額は各税務署で異なるからです。

その年で相続税の申告金額等の多い順に調査すれば、調査対象となる金額は毎年異なってきます。小口の相続ばかりの年には、前年以前にさかのぼって調査することもあります。

申告漏れはどのくらいあるのか?

●1件あたり平均600万円前後の追徴税額

相続税の申告事績

区　分		2016年分	2017年分
① 被相続人数（死亡者数）		130万7748人	134万397人
② 相続税の申告書の提出に係る被相続人数		10万5880人	11万1728人
③ 被相続人数（死亡者数）に対する②の割合		8.1%	8.3%
被相続人1人あたり	課税価格	1億3960万円	1億3952万円
	申告税額	1764万円	1807万円

相続税の調査事績

項　目	2016年事務年度	2017年事務年度
① 調査件数	1万2116件	1万2576件
② 調査件数のうち申告漏れ件数	9930件	1万521件
申告漏れ割合（②／①）	82.0%	83.7%
申告漏れ1件あたりの課税価格	2720万円	2801万円
申告漏れ1件あたりの追徴税額	591万円	623万円

アイデア

95

実地調査のパターンを知っておこう

税務調査だからといって、特別に警戒する必要はないが、余計なことはしゃべらないほうがよい。税理士にも立ち会ってもらおう。

事前に調査の連絡がある

相続税の調査では、抜き打ち調査はまず行われません。実地調査をする1、2週間ぐらい前に、税務署から税理士に調査の連絡が入ります。税務署の指定した日に都合が悪ければ、数日間ずらして別の日にしてもらうこともできます。

調査場所は原則として、被相続人が生活していた家です。預金通帳や権利書など、相続財産に関係する書類等は家にあるのがふつうだからです。

もし相続後に家を売却してしまったような場合には、配偶者や長男などの相続人代表の家で調査が行われます。

調査当日は、被相続人の生活や財産に詳しい相続人代表の一人が立ち会えばよく、相続人全員が立ち会う必要はありません。

また、申告書を作成した税理士にも立ち会ってもらうようにします。税理士は事前に税務調査に対する対処方法をアドバイスしてくれます。調査の当日も調査官との間に入って、必要な受け答えをしてくれます。

調査当日は10時頃に調査官が相続人宅へ訪れて始まります。数時間で終わってしまうこともあれば、17時頃まで調査が続けられることもありま

実施調査について知っておこう

●雑談だと思って気軽に応じてはいけない

①	調査日時	調査の1、2週間前に税務署から連絡が入る
②	調査場所	原則として被相続人が生活していた家
③	立会人	相続人の代表の1人が立ち会えばよい。税理士にも立ち会ってもらうようにする
④	調査日数	たいていは1日で終わるが、2、3日かかる場合もある

す。たいていは1日で終わりますが、2日、3日と続くこともあります。

訪れる調査官の人数は通常2人ですが、1人のときもあります。財産が多かったり、複雑な申告内容の場合は2人のうち1人はベテランの調査官となります。

調査では、いきなり本題に入ることはなく、雑談から始まります。そして、被相続人の経歴や趣味などの話をした後、次第に調査内容に入っていきます。

被相続人の趣味について聞くのは、たとえばゴルフが趣味であれば、ゴルフ会員権の申告漏れがないか、書画骨とうの収集が趣味なら、きちんと相続財産として申告されているかどうかを調べようとするためです。

相続税の調査とは、一見何も関係ないと思われるようなことを聞かれる場合もありますが、余計なことはしゃべらないほうが無難です。

アイデア

96

調査官の目のつけどころを知っておこう

調査官はあらゆるところから隠し財産を探し出そうとする。調査のパターンを押さえて余計なものは片付けておこう。

余計なものは片付けておく

税務調査は、調査官が相続人宅に出向いた時から始まっています。玄関を入れば、高額な絵画が飾られていないか、ゴルフ道具がないか、居間に入れば、骨とう品などが置かれていないかチェックしていきます。

そして、家中を見回って隠し財産がないか探し始めます。とはいっても、相続税調査はあくまで任意調査なので、調査官が勝手に家の中をうろついて調べるわけにはいきません。そこで、相続人の同意を得ながらも、やや強引に調査をしていきます。

まず「ご焼香させてください」と仏壇のある部屋への案内を願いでます。遺族は拒否する理由はありませんので、案内することになります。故人の遺産について調査させてもらうので、本心から焼香を礼儀として申し出る調査官もいるようですが、ほとんどの調査官は仏壇や仏間を見るのが目的です。そこに書画や骨とうが飾られていないか、仏壇や仏具はどの程度のグレードのものかを注意深く見ていくのです。

香典帳があれば、中を見ようとします。けれども、香典はもらっても税金がかからないので、申

調査官は何を見ているのか?

●隠し財産につながる手がかりを探している

■ゴルフ用具	■銀行のカレンダー・ティッシュ・タオル
■ゴルフの賞状・トロフィー	■香典帳
■高額な絵画	■手帳・日記帳
■書画骨董品	■住所録・電話早見表
■仏壇仏具	etc.

告の必要はありません。そのため、見られても困らないだろうと思われるかもしれませんが、香典帳から申告していない銀行や証券会社、その他の取引先の名前が出てくることもあるのです。

同様に、用もないのにトイレを借りることがあります。廊下の壁に銀行のカレンダーが貼ってあったり、トイレに信用金庫のタオルが掛けてあったりしたことから、隠し預金が見つかることもあります。

被相続人の手帳や日記帳、住所録などを求められることもあります。手帳にどこの証券会社に行ったとか、〇〇会社の株式を購入したとか、そうした記載がないかをチェックし、その中から隠し財産を発見する端緒となるものを見つけ出そうとするのです。

隠し財産はなくても、変に勘繰られないように、調査前に余計なものはできるだけ片付けておきましょう。

アイデア

97

証拠資料は事前に用意しておこう

調査官は金庫、タンス、寝室など、通常大切なものを保管しておく場所を見たがる。調査に直接関係ないものなどを見られないように注意しよう。

調査官は後ろからついてくる

相続財産に関する証拠資料は事前に揃えておいて、調査の時には手元に置いておき、すぐに出せるようにしておきましょう。

その理由の一つは、税務調査をできるだけ早く終わらせるようにするためです。預金通帳、銀行届出印、不動産の権利書、株券、ゴルフ会員権、保険証書、各種契約書などは事前に用意しておくとよいでしょう。

もう一つの理由は、前項でもお話ししたように、調査に直接関係ないものを調査官に見られないようにするためです。

税務調査の手法として、書類を出してもらうように依頼して、相続人がその書類を保管場所へ取りに行くときに、調査官が後ろからついてきて、その他の資料も調べ始めるというのが調査の常套手段になっています。通常、大切な書類は金庫やタンスなどにまとめて保管していますので、調査官が要求した以外の書類も見られてしまうことになります。

たとえば、調査官に「通帳を見せてください」と言われて、金庫やタンスのある場所へ向かおうとすると、「それでは私も同行させていただきま

事前に用意しておくべき証拠資料

●必要な書類以外は金庫等から片付けておく

■預金通帳	■社債（預かり証、報告書）
■銀行届出印	■国債（預かり証、報告書）
■預金証書	■ゴルフ会員券
■不動産の権利書	■生命保険の証書
■株券（預かり証、報告書）	■損害保険の証書

etc.

す」と何気ない顔でついてくるのです。そして金庫やタンスの中を開けさせて、隅々まで調べ始めます。

もちろん、通常の調査は任意なので断ることもできます。ただ、現実には急に言われると、断りづらくてつい応じてしまうものですし、断れば断わるで、何か隠しているのではないかと痛くもない腹を探られることになります。

調査官は金庫のほかに、相続人の寝室へも行きたがります。寝室には大切な書類が置いてあることが多いからです。日記帳があれば、その中身を読んで申告漏れを発見する手がかりがないか探していきます。

証拠資料は事前に用意して手元に置いておくとともに、金庫や寝室には余計なものを入れておかないようにしましょう。そして、調査官の要求があったときには、すぐに提示したり、案内できるようにしておくことが肝要です。

アイデア

98

預貯金の動きを説明できるようにしよう

預貯金の動きは調査官にとっては宝箱。最低でも過去3年間の通帳からの出金については、何に使ったのかを説明できるようにしておこう。

入金と出金の説明ができるか？

相続税の調査の際に、最も細かく調べられるのは預貯金の動き、つまり通帳の入出金の記録です。預貯金の動きを細かに調べていくと、申告漏れの発見のきっかけになることが多いからです。

そのため、調査では、必ず預金通帳の提示を求められます。通帳の提示を求めてこない場合には、すでに取引金融機関に出向いて調査済みだと考えていいでしょう。預貯金の動きは、調査官にとっては宝箱のようなものなのです。

特に調査官が申告漏れを疑ってチェックするのは以下の点です。

①死亡間際の預金の引き出し

調査官がまず注目するのは、死亡日近くの預金の引き出しです。

相続があったことを金融機関に知られると、すぐには預金を引き出せなくなってしまうため、早めに引き出しておくことがしばしばあります。また相続の前に預金を引き出して、財産減らしをしようという心理が働くこともあります。

引き出した預金を医療費などとして支払った場合は別ですが、使途を細かくチェックされることになります。家族名義のほかの預金口座に移してあっても、相続財産に加えられることになります。たとえ、それが葬式費用に使われたものであっても、死亡日現在では、相続人の財産であることには変わりありません。

②多額な預金の引き出し

金額の大きい預金の引き出しは、通常、過去3年程度までさかのぼって調べられます。100万円単位、あるいは数十万円単位の預金の引き出しがあると、使途を質問されます。

預金を引き出して、何か資産を購入していれば、その購入した資産が申告した相続財産の中にあるかどうかが問題になります。

引き出した預金が家族の誰かに贈与されているのであれば、贈与税の申告がなされているかどうかを調べることになります。

預金の動きは被相続人の口座だけでなく、家族名義の口座を調べられることもあります。大きな金額を引き出された日やその近くで、家族名義の口座に同じ金額の入金がないかどうかをチェックして、贈与の事実をつかもうとするわけです。

最低でも過去3年程度の間に、多額の預金の引き出しがある場合には、使途を説明できるようにしておきましょう。

③貸金庫の使用料

貸金庫の使用料が口座から引き落とされていると、銀行の貸金庫を利用していることがわかってしまいます。

すると、調査官から「これから貸金庫の中を確認したい」と、その場で同行を依頼されることになります。

④配当金や利子の入金

預金の入金では、特に配当金や利子に注目します。配当金があれば、その元本である株式等が申告されているか、利子があれば、その元本である定期預金や債券などが申告されているかどうかをチェックされます。

アイデア

99

郵便貯金や海外資産に注意しよう

税務署に調べられない財産はない。世間のウワサを信じたり、金融商品等のセールストークに乗ってしまったりすると、痛い目に遭う。

どんな財産でも税務署は調べられる

郵便貯金や海外資産については調査が及ばないと思われて、申告漏れとなるケースが少なくありません。

まず、郵便貯金についてですが、税務署が調査しにくいため、財産を把握されにくいというウワサがあります。その理由というのは、銀行は税務署と同じ財務省の管轄下のため調査しやすいが、郵便局は総務省の管轄のため、役所の縄張り争いから調査に協力しないというものです。また、実際に一部の郵便局員が、郵便局には税務調査が及ばないというセールストークで、郵便貯金や簡易保険の勧誘をしていたこともあったようです。

しかし、ほかの省庁の管轄下にある郵便局といえども、税務当局の調査から逃れることは不可能です。そもそも、今日ではゆうちょ銀行はほかの銀行と同じ金融庁の監督下です。同銀行の納税業務を担当する貯金事務センターにも税務調査は実施され、郵便貯金や簡易保険の相続財産隠しだけでなく、老人マル優の非課税限度額の不正利用などの所得隠しが指摘されています。

同様に、海外にある定期預金やプライベートバンク口座の預金、不動産などの資産も、税務署の資料情報から容易に発見されてしまいます。

相続財産隠しがあると、それに対する相続税（本税）だけでなく、ペナルティーとして、本税の35％の税率で重加算税がかかってきます。その

ほかに利子相当分として延滞税（231ページ）もかかります。財産隠しはほぼ確実に、痛手を被るだけの結果に終わりますので、きちんと申告しましょう。

相続財産隠しは絶対見つかってしまう

●財産隠しの指南はウソだと思っていい

隠し財産（隠しやすい財産）の例

- 郵便貯金
- 海外の預金
- 海外の不動産
- 金地金（金塊）、貴金属
- 割引金融債券
- 現金

ありがちな隠し場所の例

- 押入の床下
- 寝具用マットレスの中
- 座布団の中
- 流し台の下
- 段ボール箱の中
- 床下や庭の土中
- 子どもの勉強机の本立て
- 貸金庫

Point

財産を隠そうとしても簡単に見つかってしまう。財産隠しにはペナルティーもあるのでやめておこう

アイデア 100

財産の種類別に調査ポイントを知っておこう

調査官の目のつけどころはだいたい決まっている。財産の種類別に調査のポイントをチェックしておこう。

金融資産の申告漏れがチェックされる

相続財産のうち、土地や建物などの不動産（これを「表現資産」といいます）は、法務局で登記簿を調べれば、簡単にその有無を把握できます。

したがって、相続税調査のポイントは、現金、預貯金、有価証券などの金融資産（これらを「不表現資産」といいます）の申告漏れを見つけることにあります。金融資産別のおもな調査ポイントは以下のとおりです。

①預貯金

前記したもののほかに、本当の所有者は被相続人であるのに、妻や子、あるいは孫名義になっているものがないかどうかを調査されます。誰が印鑑や通帳などを管理していたかがポイントになります。

②株式

取引している証券会社を訪問して取引の状況を詳しく調べ、申告漏れとなっている株式がないかどうかを見ます。

その際、被相続人名義のものだけでなく、相続人や家族名義のものまで調べられることがあります。

端株（無償交付の際の単位未満株式）などの中

告漏れを発見するために、証券代行会社を訪問したり、文書で照会したりします。

③割引債

割引債券をその発行銀行等に保護預けにした場合は、その債券購入者の住所・氏名が銀行等に記録されてしまいます。

しかし、その債券を持ち帰った場合には、銀行等には何の記録も残りません。ただし、大口顧客の場合は、外見などの特徴が記録されていることが多いです。

とはいえ、このような債券の調査は困難で、保管場所や購入資金の動きなどから調査されます。

④不動産

不動産については申告漏れの発見よりも、評価が適切かどうかがポイントになります。

先代名義の不動産の申告漏れについては、申告書に添付されている戸籍謄本から先代の名前を調べ、法務局で照会することにより発見します。

リゾートマンションや別荘、遠隔地の投資不動産などは、固定資産税の支払い記録から発見していきます。

⑤その他の財産

生命保険契約に関する権利、一時払いの傷害保険など、相続財産として漏れやすいものがポイントになります。

⑥債務

借入金などの債務については、債権者に対して当初の貸付年月日、貸付金額、貸付期間、死亡日現在高、貸付事由、担保物件などを照会することにより、その債務の実在性を調査します。

また、その借入金によって取得した資産が申告されているかどうかをチェックします。

この章で紹介した10のアイデア

91 □ 財産隠しはかえって高くつくと覚えておこう
92 □ 税務署の目はごまかせないと心得よう
93 □ 税務署の内部調査について知っておこう
94 □ 税務調査が入りやすい申告書を知っておこう
95 □ 実地調査のパターンを知っておこう
96 □ 調査官の目のつけどころを知っておこう
97 □ 証拠資料は事前に用意しておこう
98 □ 預貯金の動きを説明できるようにしよう
99 □ 郵便貯金や海外資産に注意しよう
100 □ 財産の種類別に調査ポイントを知っておこう

巻末付録

相続税・贈与税・所得税の速算表

■相続税の速算表

※速算表の税率を適用する前に基礎控除を行い、各法定相続人の取得金額を計算する

・基礎控除額＝3000万円＋600万円×法定相続人数

・各法定相続人の取得金額＝（課税価格－基礎控除額）のうちの法定相続割合（☞35ページ）

法定相続人の取得金額 (A)	税率 (B)	控除額 (C)	税額 ＝ (A) × (B) − (C)
1000 万円以下	10%	−	(A) × 10%
1000 万円超～ 3000 万円以下	15%	50 万円	(A) × 15% − 500,000 円
3000 万円超～ 5000 万円以下	20%	200 万円	(A) × 20% − 2,000,000 円
5000 万円～超 1 億円以下	30%	700 万円	(A) × 30% − 7,000,000 円
1 億円超～ 2 億円以下	40%	1700 万円	(A) × 40% − 17,000,000 円
2 億円超～ 3 億円以下	45%	2700 万円	(A) × 45% − 27,000,000 円
3 億円超～ 6 億円以下	50%	4200 万円	(A) × 50% − 42,000,000 円
6 億円超	55%	7200 万円	(A) × 55% − 72,000,000 円

■所得税の速算表

課税所得金額 (A)	税率 (B)	控除額 (C)	税額 ＝ (A) × (B) − (C)
195 万円以下	5%	−	(A) × 10%
195 万円超～ 330 万円以下	10%	9.75 万円	(A) × 15% − 97,500 円
330 万円超～ 695 万円以下	20%	42.75 万円	(A) × 20% − 427,500 円
695 万円超～ 900 万円以下	23%	63.6 万円	(A) × 30% − 636,000 円
900 万円超～ 1800 万円以下	33%	153.6 万円	(A) × 40% − 1,536,000 円
1800 万円超～ 4000 万円以下	40%	279.6 万円	(A) × 45% − 2,796,000 円
4000 万円超	45%	479.6 万円	(A) × 55% − 4,796,000 円

■贈与税（暦年課税方式）の速算表

①一般贈与財産（下記②以外）の税率

基礎控除後の課税価格 (A)	税率 (B)	控除額 (C)	税額 ＝(A)×(B)－(C)
200万円以下	10%	―	(A)×10%
200万円超～300万円以下	15%	10万円	(A)×15%－100,000円
300万円超～400万円以下	20%	25万円	(A)×20%－250,000円
400万円超～600万円以下	30%	65万円	(A)×30%－650,000円
600万円超～1000万円以下	40%	125万円	(A)×40%－1,250,000円
1000万円超～1500万円以下	45%	175万円	(A)×45%－1,750,000円
1500万円超～3000万円以下	50%	250万円	(A)×50%－2,500,000円
3000万円超	55%	400万円	(A)×55%－4,000,000円

②特例贈与財産の税率

※その年の1月1日時点で20歳以上の人（子や孫等）が、直系尊属（親や祖父母等）から贈与を受けた場合

基礎控除後の課税価格 (A)	税率 (B)	控除額 (C)	税額 ＝(A)×(B)－(C)
200万円以下	10%	-	(A)×10%
200万円超～400万円以下	15%	10万円	(A)×15%－100,000円
400万円超～600万円以下	20%	30万円	(A)×20%－300,000円
600万円超～1000万円以下	30%	90万円	(A)×30%－900,000円
1000万円超～1500万円以下	40%	190万円	(A)×40%－1,900,000円
1500万円超～3000万円以下	45%	265万円	(A)×45%－2,650,000円
3000万円超～4500万円以下	50%	415万円	(A)×50%－4,150,000円
4500万円超	55%	640万円	(A)×55%－6,400,000円

［著者紹介］

高橋敏則（たかはし　としのり）

1956年、千葉県生まれ。中央大学商学部卒業。79年公認会計士二次試験合格後、アーンスト・アンド・ウイニー会計事務所、監査法人を経て独立し高橋会計事務所を開設し現在に至る。経理・財務・税務の指導ほか、中小企業の経営や相続のコンサルティングに従事。また、各種セミナーの講師としても活躍中。千葉県税理士会千葉西支部所属。著書に『小さな会社の節税アイデア160』、『資金繰りをラクにする108のセオリー』、『相続・贈与でトクする100の節税アイデア 新版』、『小さな会社にお金を残す節税の法則』、『青色申告から始める個人事業の節税アイデア115』（以上ダイヤモンド社）、『法人税／有利選択の実務』（税務研究会出版局）、『戦略！経営者の節税』（大蔵財務協会）、『会社の税金を3割減らす本』（ぱる出版）など多数ある。

［連絡先］
高橋会計事務所＆スコレ・コンサルティンググループ
FAX：047-481-0473
E-mail：sucore@sea.plala.or.jp
HP：http://sucore.biz/

令和の税制改正対応
相続・贈与でトクする100の節税アイデア　改訂第3版

2019年11月27日　第1刷発行

著　者――高橋敏則
発行所――ダイヤモンド社
〒150-8409　東京都渋谷区神宮前6-12-17
http://www.diamond.co.jp/
電話／03･5778･7232（編集）　03･5778･7240（販売）
装丁――――金井久幸（TwoThree）
編集協力――飯野実成
本文レイアウト・DTP―明昌堂
製作進行――ダイヤモンド・グラフィック社
印刷／製本―三松堂
編集担当――鈴木 豪

ISBN 978-4-478-10695-2